책 읽기가
필요하지 않은
지금은 없다

책 읽기가 필요하지 않은 지금은 없다

1판 1쇄 펴낸날 2018년 1월 3일

지은이 이종서, 박창희
펴낸이 나성원
펴낸곳 나비의활주로

책임편집 유지은
디자인 design BIGWAVE

주소 서울시 강북구 삼양로 85길, 36
전화 070-7643-7272
팩스 02-6499-0595
전자우편 butterflyrun@naver.com
출판등록 제2010-000138호

ISBN 979-11-88230-22-8 03320

"변하지 않으면 도저히 살 수 없을 것 같아
닥치는 대로 책을 읽기 시작했다.
그랬더니 결국 독서로 180도 달라진
나와 마주할 수 있었다!"

책 읽기가 필요하지 않은 지금은 없다

이종서, 박창희 지음

나비의 활주로

PROLOGUE

우리의 잠재력을 깨워 변화의 기적을 선물한 책 읽기

"사람들이 책을 읽는 것을 어려워하고 있는데, 이는 우리 시대의 큰 손실 중 하나이다."

이는 《리더는 무엇으로 사는가》의 저자 고든 맥도날드의 말입니다. 하지만 책과 관련한 직업에 종사하거나 지독한 독서가가 아닌 다음에야 책만 읽으면서 살아갈 수는 없지요. 독서가 아무리 유익하다 한들 여유시간에 책만 읽고 있을 수는 없습니다. 요즘은 할 것이 많고 즐길 거리도 참 많은 세상이니까요. 스마트폰 하나만 있으면 정보의 바닷속에서 헤엄칠 수 있으니 지금은 어떤 것이 더욱 자신에게 참다운 정보인지 판단하는 작업이 중요한 시대입니다.

인공지능이 화두인 디지털 시대에 책의 소멸을 예견하는 이도 있지만, 책은 과거에도 그랬듯 앞으로도 꾸준히 우리 곁에 있을 것입니다. 바쁜 일상을 살아가는 직장인을 비롯해 많은 사람들은 책이 가져다주는 유용성에 대해서는 익히 들어 알고 있을 겁니다. 혹자는 책을 통해 요리를 배우거나 여행을 준비하고, 스피치 연습을 하며 컴퓨터 프로그램 스킬을 보완하기도 합니다. 자존감 관련 독서를 통해 자신의 마음도 살필 수 있습니다. 이렇게 지식체계를 확장하고 감정정리를 하며 자신의 가치관을 확립하는 것에 탁월한 효과가 있는 것이 바로 독서입니다.

이 책은 독서에 관심은 있으나 어떻게 책을 읽을 것이며, 자신에게 맞는 독서법이라는 것이 과연 있는지 함께 고민할 이들을 위해 썼습니다. 선택과 집중의 차이일 뿐 어떤 방식을 취하든 절대 왕도는 없습니다. 저자들의 방법론을 고집하지는 않으니 알맞게 취사선택하면 됩니다.

1~4파트는 책 읽기의 효용성과 접근법에 대해, 5~8파트는 독서에 대한 여러 방법론을 기술했습니다. 전반부는 10년간 직장생활을 하며 독서와 쓰기를 반복했고, 이제는 사업가로서 책으로 인생에 변화를 맞이한 이종서 저자가 기술했습니다. 직장생활을 하는 동안 독서로 인생 2막을 준비했던 방법과 '책과 변화'에 관해 주로 다루었습니다.

후반부는 책과 담을 쌓고 지냈지만 독서의 참맛을 느낀 후로 사내 다독왕까지 올랐던 직장인, 박창희 저자가 썼습니다. 간식비, 야식비 지출까지 줄여가며 독서에 매진한 결과, 130킬로그램에 육박했던 몸무게가 정상 체중으로 돌아오며 인생의 전환점을 맞이한 극적인 경험의 소유자입니다. 그래서 자신이 독서를 통해 얻은 좋은 영향을 다른 독자들에게도 전하고자 합니다.

책을 읽는다고 해서 인생이 180도 달라진다고 확신에 찬 어조로 설득하고 싶지는 않습니다. 그렇지만 한 가지 분명히 알리고 싶은 메시지가 있습니다. 바로 '책은 그 자체로 생각지 못한 잠재력을 가지고 있으며, 또한 당신의 잠재력을 일깨우는 역할을 한다'는 점입니다. 마지막으로 이 책이 다른 책들과 함께 당신의 머리맡에 놓아두고 함께할 한 권이길 소망합니다.

겨울이 오는 길목에서 이종서, 박창희

CONTENTS

독서는 특별한 계기가 없는 한, 읽어야 할 이유를 깨닫지 못하는 한 지속하기가 힘들다. 인생이 퍽퍽하고 목표가 없을 때 나와 함께한 것은 독서였다. 그래서 아무리 읽어도 변화하지 않는다고 푸념하는 주위 사람들을 볼 때마다 목표 있는 독서를 추천한다. 결과물 있는 독서를 위해서는 그 이유가 명확해야 하기 때문이다.

평범한 직장인의 한계를 비범하게 확장하는 책 읽기의 힘

첫 번째 독서법

A METHOD OF READING

인스턴트 정보과잉 시대, 숙성된 가치로 빛나는 매체, 책

이 책의 앞표지와 뒤표지는 너무 멀리 떨어져 있다.

- 앰브로즈 비어스

일명 삐삐라 불리던 호출기를 기억하는가. 화면에 '1004'라는 숫자가 찍히는 날이면 설렜다. '과연 누가 내게 이러한 메시지를 보냈을까?' 궁금하기만 했다. 누굴까 상상하며 두근거리는 마음으로 수업시간이 끝나기를 기다렸다 공중전화 박스로 달려갔고 음성메시지를 확인하곤 했다. 친구 녀석의 장난인 경우가 대부분이었지만 가끔은 그 설렘이 그립기도 하다.

더 기억을 거슬러 올라가 보면 호출기조차 없던 시절도 있었다. 그 시절에 대한 향수는 아무래도 약속과 관련이 많았다. 연락할 수단으로 집전화기가 유일하던 시절이다 보니 친구와의 약속은 매우 중요했다. 시간을 정하고 장소에 나와 있는데 중간에 약속이 틀어지면 서로 엇갈리는 일이 생겨버리니 말이다.

하지만 요즘은 마음에 들지 않는 사람이 있으면 채팅 애플리케이션에서 차단하면 그만이고, 만나기 몇 시간 전에도 문자메시지 하나로 약속을 취소하는 것이 손쉬운 일이 되었다. 모든 게 빠르고 단순해지다보니, 정말 중요한 약속이 아니면 약속을 취소하는 사람이나 취소를 당하는 사람이나 별로 개의치 않는 경우가 늘어나는 듯하다.

우리는 전 세계를 하나로 잇는 SNS 채널, 초고속 인터넷환경, 스마트폰의 보급으로 휘발성 약속뿐만 아니라 일회성 정보의 범람 한가운데에 살아간다. 사례가 없어서 레포트를 쓰기 어려운 경우는 드물고, 자신이 원하는 정보를 찾지 못해 망연자실 하는 시간은 점점 줄어들고 있다. 이제는 정보를 찾지 못하는 것이 아니라 수많은 정보의 홍수 속에서 자신에게 맞는 것을 찾아내는 것이 관건이다. 단순히 정보를 검색하는 능력보다 판단을 흐리게 할 정보를 걸러내고 올바른 자료를 편집할 수 있는 능력이 필요하다. 이런 시대에 과연 독서는 어떤 의미이고 책이 던져주는 메시지는 과연 무엇일까?

'책은 한 가지 키워드를 아우르는 편집 콘텐츠의 표본'이라고 할 수 있다. 제목에서부터 독자가 원하는 내용을 함축적으로 내포한다. 제목을 뒤따라 흐르는 책의 뼈대인 목차는 일목요연하게 책 주제에 대해 하나의 응축된 세계관을 정립하고 있다. 이 정립된 세계관을 따라 독자는 정보의 체계성을 음미하고 책에 담긴 콘텐츠와 자기 생각을 결합하고 융화한다. 책은 주제에 따라 깊고 좁게, 때로는 넓고 얕게 독자가 원하는 내용을 체계화하고 있기에 어수선한 정보의 선택지에서 혼란을 겪는 절차를 건너뛰게 해준다.

단편의 블로그 글, 몇 줄의 SNS 메시지가 남겨주는 여운이나 파급력 또한 무시하지 못하는 시대이긴 하지만, 책 한 권에 오롯이 내비쳐진 응축된 글의 향연에는 다른 매체가 따라가지 못하는 활자의 힘이 있다. 종이책에는 어제 접어놓은 책갈피를 따라 페이지를 넘기고 손에 느껴지는 종이의 질감에 더해, 마음의 동화가 이루어지는 나름의 깊이와 울림이 묻어난다.

마우스 클릭 한 번으로 펼쳐지는 전자신문, SNS에 접속하자마자 보이는 전혀 모르는 사람들의 사생활, 남들보다 조금 더 빠르게, 자극적이게, 때로는 앞서기 위해 흡사 전쟁처럼 정보를 섭취하고 내보이고 과시하며 자신의 손에 들린 자료가 참인지 거짓인지 판별조차 하지 못한 채 타인에게 권하고 있지는 않은가.

정보를 받아들인 사람은 생각의 끈을 놓은 채 무의식적으로 정체불명의 메시지에 잠식당한다. 이렇듯 은연중 인터넷 공간에 쏟아지고 있는 출처도 불분명한 단편적인 인스턴트성 정보의 범람, SNS 채널의 피로감, 거짓정보 속에 파묻혀 살아가고 있다면 책의 깊이와 울림은 더 의미 있게 다가온다. 책에는 지식콘텐츠의 한 축을 담당한다는 상징적인 의미와 아날로그적인 감성, 출간되기까지의 고된 과정과 여러 사람의 정성이 담겨 있기 때문이다.

종이 책의 깊이와 울림의 의미를 되짚어 보면 책과 독서가 가지는 의미를 다시금 느껴볼 수 있다. 지금의 책은 내용을 구성하고 기획하는 전체적인 일을 도맡아 하는 저자의 손에서 시작된다.

하지만 고대부터 중세에 이르기까지는 저자 한 명이 아닌 책의 내용을 구성하는 구술가와 구성 내용에 따라 글을 쓰는 필경사로 나뉘어 있었다. 그들 손에서 합작품의 결정체인 한 권의 책이 만들어졌다. 구술가가 구성한 내용대로 필경사는 한 글자씩 정성스레 수개월, 수년에 걸쳐 책을 완성하기 위해 노력했다. 속도는 느렸지만 일련의 메시지를 전파하고 공유한다는 의미에서, 단순 정보가 아닌 의미를 내보이는 책을 만드는 작업은 예나 지금이나 그 가치는 깊다.

1440년경 독일의 금 세공업자 요하네스 구텐베르크가 금속인쇄술을 발명하면서 책이 만들어지는 속도가 빨라졌다. 그런데도 이전 시대에 비해 빨라졌다는 것이지 내용의 정수를 뽑기 위해서는 글을 쓰는 사람의 생각의 깊이에 따라 여전히 한 글자씩 쓰던 시대와 비슷하기도 했다. 예전이나 지금이나 시대를 초월해서 책 한 권이 만들어지는 과정과 노력은 정도의 차이일 뿐 체계적인 정보의 함축성 면에서는 맥락은 같다. 여기저기 널려 있는 인스턴트식 정보를 끼워 맞추고 오역하는 것과는 다른 의미를 가져다주는 대목이라고 할 수 있다.

하기 전에는 꿈쩍하기 싫지만 일단 하고 나면 시원해지는 것이 있다. 바로 청소이다. 몸으로 움직이는 일반적인 청소 외에도 정신적인 청소도 반드시 해야 한다. 사무실 컴퓨터 속의 가지런한 폴더처럼 정신적으로도 정리가 되어 있다면 모를까, 보이지 않는 곳에서 우리에게 고통을 주고 있는 것들이 많기 때문이다.

광고성 메일, 생각 없이 스크랩한 기사들, 디지털카메라로 몇 개월 전에 찍은 사진들, 내려받은 음악 파일, 사이트마다 다른 비밀번호. 정작 찾고 싶을 때는 한참을 뒤적이고 끝내 찾지 못하다가 포기하고 새것을 얻고 난 후에야 다시 들어오는 이전 정보들. 바쁘고 정리되지 않은 어수선함 속에서 슬슬 피어오르는 복잡함, 짜증, 불안 속에 살아간다. 이러한 일상이지만 퇴근 후 잠시마나 책에 집중해 보면 마음이 편안하고 머리는 정리가 되는 걸 느끼곤 했다. 그 시간만큼은 나 자신을 둘러싼 세상의 복잡함을 벗고 잘 정리된 목차와 책의 단락을 보면서 스스로도 맑은 정신의 체계를 다져나갔다.

책은 나에게 쉼터 역할을 했다. 조금은 보듬고 천천히 가기 위한 완충 역할제가 되었다. 사회생활 속 스트레스와 긴장감, 불안감을 녹이기 위해 현실과 반대되는 에세이, 소설, 이상향적인 책으로 위안을 삼기도 했고, 때로는 그러한 현실과 제대로 마주하기 위해 양질의 경제, 경영서를 읽기도 했다. 현실세계에 집중하고 10시간 이상 고군분투한 나 자신에게 주는 작은 선물이었다.

길거리에서 바람에 흩날리는 종이비닐을 들여다보면 비어있는 경우가 대부분이다. 아무 목적 없이 길거리의 쓰레기로 여겨져 이동하는 사람들의 발걸음에 채일 뿐이다. 한 어머니가 가족들의 저녁 반찬을 손수 지어주시기 위해 시장에서 사 들고 오는 꽉 찬 종이비닐과는 다를 수밖에 없다. 양서에 해당하는 것이겠지만 작가의 사상, 시대의 철학, 트렌드, 역사를 머금고 있는 책은 손에 손을 거쳐 읽힌다.

디지털 시대에 아날로그의 감성이 녹아나는 대표적인 콘텐츠라 할 수 있는 책이 아직 사람들 손에 오르내리는 이유이기도 하다. 일회성으로 끝나고 마는 대인관계, 어제의 정보가 오늘 폐기되는 현상, 무엇이 참인지 거짓인지 분별하기에 급급한 정보의 파편 속에서 살아가는 우리에게 책만큼 마음의 휴식을 제공하는 수단이 또 있을지 되새겨 보는 것은 어떨까.

마지막으로 《숨어있는 남자》를 집필한 캐나다 소설가 로버트슨 데이비스의 말을 기억해보자. "훌륭한 건축물을 아침 햇살에 비춰보고 정오에도 보고 달빛에도 비춰보아야 하듯이, 진정으로 훌륭한 책은 유년기에 읽고 청년기에 다시 읽고 노년기에 또다시 읽어야 한다."

참다운 나를 만나게 하는 독서의 힘

아무런 위험을 감수하지 않는다면, 더 큰 위험을 감수하게 될 것이다.

- 에리카 종

사람은 누구나 자신만의 생각이 있고 자아가 존재한다. 누군가 자신이 형성한 고유 영역에 침범하려 하면 방어기제가 발동된다. '나랑 다른데?', '나는 그렇게 생각하지 않아'라는 생각이 바로 그것이다. 부모님이나 선생님이 잔소리를 통해 내 생각의 영역을 넘어오면 움츠러들거나 반사한다.

그러고 보면 책 또한 엄연히 타인의 삶이고 글이다. 그럼 누군가는 말할 것이다. '굳이 왜 남의 글, 타인의 인생을 독서라는 허울 좋은 도구를 통해 내 삶에 덮어씌우려고 하는 걸까?' 그런데도 자신이라는 우주 속에 타인의 생각을 심는 데 있어 방어기제가 그나마 약하게 발동되는 매개체가 책이기 때문이다. 잘 정제된 글 속에 나타나는 정보, 숙성된 저자의 견해는 자신의 자아 경계를 무너뜨릴 만큼 해로운 경우가 흔치 않다. 오히려 자신만의 세계에 갇힌 좁은 시야를 확장하는 힘이 독서에 있다.

책을 읽다 보면 이야기 사이사이에 그와 유사한 독자 자신의 경험들이 덧대어지고 끼어든다. 나를 돌아보고 다시 보게 하고 잊어버렸던 것을 기억나게 한다. 이런 기억은 현재의 자신과 과거의 나를 만나게도 한다. 책을 읽으면서 일어나는 일이다.

'텍스트가 간접적으로 들리게 할 수만 있다면, 그것은 내게서 최상의 즐거움을 생산해 낼 것이다. 내가 텍스트를 읽으면서 머리를 자주 들고 다른 것을 들을 수만 있다면….'

이는 롤랑 바르트가 《텍스트의 즐거움》에서 한 말이다. 이처럼 책을 읽으며 책 내용과 자신을 반추해보며 끊임없이 질문해볼 수 있다. 정답이 없을지라도 생각의 덩어리를 자꾸만 던져준다. 넘겨받은 덩어리를 쪼갤지 그대로 안고 갈 것인지는 독자의 몫이지만 이것만으로도 자신의 자아 영역은 확장된다.

'남을 따라 하지 말고, 다른 사람은 있으니 너만의 자신이 되어라!'

우리는 개인의 개성을 존중하는 시대에 살고 있다. 획일적인 유행을 따르지 말고 온전한 자신이 되라는 말을 흔히 듣는다. 이러한 관점에서만 본다면 책은 폐지나 다름없다. 독서를 통해 자신의 자아 영역을 확장한다는 것은 저자의 사상을 맹목적으로 따르는 추종을 의미하는 것이 아니라 공감이 이루어졌을 때를 일컫는다. 추종은 자기 생각을 배제하지만, 공감은 자기 생각이 뒷받침된다. 이는 자신을 돌아보게 하고 미처 보지 못한 생각의 영역을 확장하게 한다.

사람은 시간이 지나고 나이를 먹을수록 안타까움을 느낄 때가 있다. 어느 특정한 때가 지나고서야 지나쳐버린 것에 대해 소중함을 깨닫는다. 10대에는 20대의 삶을 모른다. 20대에는 30대, 40대의 삶을 예측하기 쉽지 않다. 당연히 지내보지 않았으니 미리 알 수가 없다. 하지만 책을 통해서는 어느 정도 예측할 수 있다. 미래를 경험하지 않아도 미리 가본 저자들의 삶을 통해 간접경험해보고 이를 통해 시행착오를 줄일 수 있는 것이다. 모르고 지나칠 수 있던 것들을 미리 느껴보면서 이를 통해 실체화됐을 때 허둥지둥하지 않을 준비가 가능해진다.

준비할 힘은 독서를 통해 키우고 능력을 다져나갈 수 있다. 사실 사람은 이미 자신만의 능력을 갖추고 있다. 뭔가 대단한 일을 이룬 것만이 능력이 아니다. 사랑하는 사람을 위한 관계 유지의 노력도, 부모님께 적지만 꼬박꼬박 용돈을 드리는 것도, 어린 셋째 동생을 업어 키우는 것도 엄청난 능력이다. 이렇게 사람은 은연중 무언가를 유지하기 위해, 지키기 위해 항상 능력을 발휘한다. 이에 더해 능력을 극대화하는 힘이 독서에 있다.

직장인일 때나 사업을 운영하는 지금이나 책은 나를 알아가는 기준점이 된다. 얄팍하게 알고 있는 지식을 책을 통해 업그레이드하고 깊은 웅덩이 같은 책 속에서 숙성시킨다. 숙성시킨 지식을 내 것으로 체화하고 알지 못했던 세계에 눈을 뜬다. 수년간 내 머릿속에 각인되었던 공공연한 진실이 책을 통해 거짓으로 드러나기도 했다. 내 단편적인 지식과 경험을 보완하고 점검할 수 있는 기준점이 된 것이다. 방대한 지식 세계에 선 내가 작게 느껴지기도 했지만 스스로 발전하는 느낌, 나를 더 알아가는 느낌은 그 자체로 기분 좋은 중독이 되었다.

책을 통해 길러야 할 것은 생각하는 힘이다. 지은이의 생각을 받아들이고 흡수하는 것도 방법이지만 오히려 저자의 사상, 생각이 끝나는 데서 책의 유익함은 묻어나고 재미가 시작된다. 우리는 점점 생각하지 않는 세상에 살고 있다. 주어진 업무를 기계적으로 처리하고 야근에 지쳐 잠자리에 들기 바쁜 직장인의 사고는 점점 굳어져 간다. 5년, 10년이 지날수록 관성의 힘에 의해 짓눌리지만, 관성을 스스로 만들 힘은 옅어진다. 따라서 '생각할 거리'를 의식적으로 찾아내 사고의 전환을 경험하는 것이 필요하다. 생각하고 비판하고 흡수하며 연결하고 조합하는 힘을 기를 수 있는 원천이 책이 될 수 있다. 책을 읽는 입장에서 재해석하고 가공해보며 자신만의 것으로 만들어가는 기회가 생기기 때문이다.

'책을 읽는다'는 것은 저자의 이야기를 온전히 받아들이는 것에 가치를 두기보다는 자신의 무궁무진한 생각의 틀을 한층 더 넓혀가는 데 의미가 있다. 이처럼 책의 주인은 저자이기 보다 저자의 생각을 마음껏 늘리고 지식을 흡수하여 성장할 수 있는 바로 당신이다.

빈손으로 헤매는 직장인, 책을 들고 지름길을 찾은 직장인

난관은 낙담이 아닌 분발을 위한 것이다.

- 윌리엄 엘러리 채닝

"어떻게 해야 제 인생이 변화할 수 있을까요?"

어느 날 한 소년이 톨스토이에게 물었다. 이 말을 듣고 톨스토이는 넌지시 말했다. "네 주변의 좋은 사람들을 만나거라." 곰곰이 생각에 잠긴 소년은 말을 이어나갔다. "하지만 제 주변에는 좋은 사람들이 없어요." 톨스토이는 미소를 머금으며 대답했다. "그렇다면 좋은 책을 만나 보아라." 소년은 생각에 잠긴 후 고개를 끄덕였다.

필자는 누군가를 앞질러 가기 위해서나 성공을 목표로 책을 읽기 시작한 것이 아니었다. 책 한 권으로 인생이 바뀐다는 생각도 하지 않았다. 과거의 트라우마를 잊고 집중할 대상이 필요했고 단지 '뒤처지는 인생을 조금이나마 보듬을 수 있지 않을까'라는 생각뿐이었다. 다행히도 그 생각은 옳은 길로 나를 인도했다. 사람이 한평생 외부와 단절한 채 자신만의 지식, 신념, 의지, 아집으로 똘똘 뭉쳐 살아갈 수 있을까? 살아갈 수는 있어도 시야가 좁아지고 한계에 부딪히는 것은 시간문제일 것이다.

요즘도 서점에 가면 괜스레 기분이 좋아지고 들뜨곤 한다. '방대한 저자의 지식, 경험, 정보가 한데 어우러진 책이 있는 이 공간, 이곳에 또 왔다니! 내가 결핍을 느끼는 분야의 책을 골라보기만 하면 되겠구나!' 이런 생각이 절로 든다.

독서는 책을 읽으며 마음의 휴식을 취하는 쉼 자체에 의미를 부여해도 충분한 가치가 있다. 나아가 독서를 통해 지적 성장을 하는 자신의 모습을 그려보는 것도 좋다. 정체되어 있지 않고 발전하려는 의지, 결핍을 메우려는 삶의 중심에 독서를 두는 것이다.

생계를 유지하는 일상에 찌들다 보면 자신이 원하는 모든 경험을 누리기 힘들다. 만나보길 원하는 모든 사람을 만날 수도 없고 훌쩍 여행을 떠나기도 쉽지 않다. 지구본을 매만지며 한탄만 할 것이 아니라 톨스토이에게 답을 얻은 소년처럼, 책을 통해 변화할 수 있고 답을 구해볼 수도 있다. 저자의 수개월, 수년, 수십 년간의 경험, 지식, 노하우를 빠르게는 일주일, 길게는 한 달 새에 내 것으로 만들 수 있다는 점에서 희열과 감동을 느낄 수 있으니 말이다.

우리는 인생을 살며 읽고 보고 들으며 또 누군가를 만나면서 '자신'이라는 존재를 만들어왔다. 살아오면서 불가피한 환경에 짓눌리기도 하고, 겪고 싶지 않은 경험도 했다. 독서를 통한다면 자발적인 환경으로 스스로 자신을 만들어 갈 수 있다. 만들어 간다는 것은 기초를 다지는 것을 의미한다.

자신의 경험, 견해, 지식만으로 삶을 일궈낸다면 더할 나위 없이 훌륭하다. 뒤처진 채 삶을 시작한 사람에게 독서만큼 위로가 되고 힘이 되는 것은 없다. 나의 경우 독서를 하기 전에는 표지판, 이정표 하나 없는 끝없는 인도를 걷는 느낌이었다. 하지만 독서를 하고부터는 인도 옆에 지름길이 있다는 것도 알아챘다. 살면서 자신이 걷고 있는 인생의 참된 길에 대해서 생각해 볼 필요가 있다.

인생은 같은 길을 반복해서 걷는 것이 아닌 항상 새로운 길을 걷는 것과 같다. 3년, 5년, 10년 뒤에 내 앞에 어떤 길이 펼쳐질지 알 수 없다. 그러니 항상 조바심내고 겁내고 두려움에 떨며 제자리걸음으로 방어적인 자세를 취하기보다 책을 자신의 이정표로 삼아 보면 좋다. 머릿속에 어디로 가야할 지 물음표만 가득하고 느낌표, 마침표가 없다고 생각하면 책에서 찾아볼 수 있다. 내가 가고 있는 길이 정석은 아닐지라도 최소한 막다른 길은 아닌지 살펴볼 수 있는 시야를 가지게 하니 마음 든든하지 않겠는가.

독서광인 내가 지난 날 1년에 단 한 권도 읽지 않았던 이유

역경은 누가 진정한 친구인지 가르쳐 준다.

- 로이스 맥마스터 부욜

지금은 자취를 감추었지만 1990년대 중반부터 2000년대 초까지 도서대여점이 성행했다. 내가 살던 동네에도 도서대여점이 세 곳이나 있었다. 가끔 친구들을 따라 구경을 가보면 한쪽에는 만화책이, 반대편에는 〈터미네이터〉, 〈람보〉, 〈로보캅〉 같은 당대 최고의 액션 비디오테이프가 놓여 있었다. 초등학교 시절, 같은 반 친구들은 신간 만화책이 나오면 부리나케 도서대여점으로 달려가곤 했다. 하지만 나는 빌려볼 돈이 없었기에 그러기 쉽지 않았다. 그렇다고 부모님께 용돈을 달라며 떼를 쓰지도 않았다. 그저 부모님이 용돈을 주시지 않으면 '그냥 우리 집은 원래 돈이 없고 그런가 보다' 하며 별로 마음을 쓰지 않았다.

우리 집은 한겨울에 연탄보일러가 자주 고장 나 방안임에도 입에서 하얀 입김이 나올 지경이었다. 이때도 방에서 입김을 불어대며 뛰어놀기 바

뺐다. 온수 한 방울 나오지 않는 허름한 우리 집이 창피하지 않았기에 친구들을 데리고 와 집에서 놀곤 했다.

사실 친구들이 우리 집에 오는 이유는 따로 있었다. 내가 도서대여점에 갈 필요가 없었던 이유이기도 한데, 방에 만화책 1,000여 권이 빼곡하게 놓여 있었기 때문이다. 만홧가게를 잠시 열었다가 폭삭 망한 삼촌의 흔적이었다. 오래된 만화책이 많아 처분하기에도 쉽지 않아 수년간 방치 되어 있었다. 그래서 당시 TV를 보기보다, 놀이터에서 뛰어놀기보다 만화책을 읽는 것이 일상이자 취미였다.

수십 년이 훌쩍 지난 지금 생각해보면 독서 환경이 얼마나 중요한지 새삼 느낀다. 그 당시 나도 모르게 환경에 맞춰져 만화책에 푹 빠져 살았다. 학교 수업을 마치고 오면 자연스럽게 만화책을 집어 들었다. 밖에 나가 뛰어놀기보다 이현세의 《공포의 외인구단》을 보며 야구에 흥미를 느꼈고, 무협만화를 읽고 난 후에는 망토를 두르고 책상에서 뛰어내려 무릎을 찧고는 했다. 그렇게 유년 시절을 하루도 거르지 않고 만화책과 함께 했다. 1,000여 권의 만화책을 반복해서 보다 보니 내용은 물론 대사까지 꿰뚫을 정도였다.

만화책이 독서에 방해가 되는지 유익한지에 대해서는 아직도 많은 이야기가 오가고 있다. 어쨌든 만화책에 파묻혀 살다 보니 글로만 된 책에 적응하기가 쉽지 않아 책 읽기가 싫었다. 그림만 봐도 페이지가 쉽사리 넘어가는 만화책과 달리 교과서를 보면 난독증을 의심케 할 만큼 내용을 이해하기 힘들었다. 굉장히 더디게 읽는 나 자신이 답답했고 글을 읽을 때면 내용 이해도 힘들어 가슴이 답답했다. 자연스레 교과서를 덮고 만화책을 손에 쥐고 있었다.

학창시절, 어쨌든 시험은 보고 공부는 해야 했기에 교과서는 억지로 읽을 수밖에 없었다. 하지만 그 외 권장도서는 일체 손에 대지 않았고 군대에 가기 전까지 만화책만 읽곤 했다. 그렇게 만화책 이외의 독서는 나와는 먼일이었다. 이런 만화책 외에 책과 담을 쌓았던 내가 지금은 독서광이 되고 몇 권의 책을 쓴 저자가 되었다는 것은 아이러니할 정도이다.

방 벽면을 가득 채우던 만화책들은 이사와 함께 폐지로 처분했다. 그렇게 만화책과의 이별이 이루어졌음에도 여전히 책과는 인연이 없었다. 군대를 제대하고 복학하기까지 1년에 단 한 권의 책도 읽지 않고 사는 사람이었을 뿐이다.

누군가는 축구를 좋아하고 또 누군가는 영화관람을 좋아하듯 독서도 단순히 취미의 종류 중 하나라고만 생각했다. 군대를 제대하고 복학은 했지만 명확한 꿈이 없어 방황을 많이 했다. 부모님은 돈 걱정하지 말고 공부만 열심히 하라고 하셨지만, 눈에 보이는 가정형편을 외면하고 내 꿈만을 찾기는 어려운 일이었다. 사실 핑계였다. 명확한 꿈이 있었다면 목표를 향해 공부를 열심히 했을 것이지만 그렇지도 않았기에 도피처를 아르바이트로 정했던 것 같다. 한여름 놀이공원에서 앞도 잘 보이지 않는 인형 탈을 뒤집어썼고 호프집 서빙을 하며 근근이 용돈벌이를 했다.

어느 날 일을 마치고 당일 지급된 얼마 되지 않는 돈을 쥐고 길을 나섰다가 우연히 대학 편입 학원을 지나쳤다. 그 당시 전문대학교를 다녔던 나는 막연히 4년제 대학교에 가고 싶다는 마음이 굴뚝같았다. 지금 생각해보면 굳이 학벌에 연연했던 나 자신이 의아스럽지만, 그 당시에는 어떻게 해서든 서울에 있는 4년제 대학교에 들어가 부모님을 기쁘게 해드리고 싶은 생각뿐이었다. 편입 학원에 걸린 플래카드를 보니 시험과목은 영어였다. 영어는 정말 싫어하는 과목이었기에 엄두가 나지 않았다. 하지만 달리 뚜렷한 목표도 없었기에 말도 되지 않는 도전을 하기에 이르렀다. 한 달 치 아르바이트 비용을 투자해 편입 학원에 등록했다.

3개월 이상을 외계어 같은 영어와 씨름했다. 국어책도 더디게 읽던 상황에서 영어는 오죽했을까. 당연히 영어 문법도 잘 몰랐다. 모의고사를 보면 전체인원 700명 중 680등을 했다. 뒤에 20명이 있어도 서로 비슷한 수준임을 고려하면 꼴찌나 다름없었다. 이 결과를 접하고 나니 학원비가 너무 아까웠다. 오기가 생겨 영어문제집만 아니라 영어와 관련한 유명 작가들의 저서를 읽어나가기 시작했다. 휴학하고 하루 12시간씩 문법, 독해 책과 씨름했다.

나만의 영어노트를 만들고 틀린 문제를 스크랩하고 될 때까지 풀어냈다. 그 결과 6개월이 지나자 학원 내 모의고사 1등, 전국 모의고사 5위권을 유지하는 결과가 나타나기 시작했다. 학원비를 면제받았고 조교로 활동할 수 있는 계기가 되었다. 결국, 원하던 대학에도 합격했고 영어 과외로 대학 등록금을 벌기에 이르렀다. 이때부터 책과 가까워지기 시작했다. 이런 경험을 통해 모르는 분야더라도 책을 통해 내 인생을 조금씩 바꿀 수 있다는 확신이 생겼기 때문이다.

이렇게 책과 조금씩 친해졌고 어느덧 10년이 지났다. 책을 친구, 선생님 삼아 지내다 보니 책은 소소한 변화들을 마련해주기 시작했다. 만화책에 빠져 다른 책은 1년에 단 한 권도 읽지 않았던 내가 책의 위력을 실감한 뒤로 직장에 다니면서 1주일에 2~3권의 책을 읽어냈다. 경제, 자기계발, 인문, 역사, 재테크, 부동산 분야로 나누어 독서계획대로 읽어나갔다.

이처럼 독서는 특별한 계기가 없는 한, 읽어야 할 이유를 깨닫지 못하는 한 지속하기가 힘들다. 하지만 인생이 잘 풀리지 않고 목표가 없을 때 나와 함께한 것은 독서였기에 아무리 읽어도 변화하지 않는다고 푸념하는 주위 사람들을 볼 때마다 목표가 있는 독서를 추천한다.

결과물 있는 독서를 위해서는 그 이유가 명확해야 한다. 즐거움을 위해서라면 스트레스받지 않고 철저하게 흥미 위주로, 영어 공부를 위해서라면 왜 그 공부를 해야 하는지 이유를 명확히 한 후 양서를 골라내는 안목을 길러야 한다.

사실 독서에서 목표를 세우고 실천하기란 쉽지 않다. 대단한 일에 착수하는 양 몰입하고 책을 읽기에는 취미가 스트레스가 되는 격이기도 하다. 읽는 것과 읽지 않는 것은 모두 선택의 갈래에 있지만, 읽는 것을 선택했다면 이 책에서 무엇을 얻을까 예상해 보고 몇 페이지 남지 않은 책의 끝머리에서 결과치를 비교해 보는 것이 좋다. 그런데도 책이 주는 양분을 섭취하고자 한다면 책으로도 성취감을 느껴보는 것이 중요하다. 독서로 인해 무언가 '얻었다'는 느낌을 받았을 때, 이는 또 다른 양분을 찾아가는 힘이 되어줄 것이기 때문이다.

현실 도피 수단이었던 책 읽기, 현실 돌파 수단이 된 사연

간단함이 훌륭함의 열쇠다.

- 리 샤오룽

힘들게 편입해서 들어간 대학이었지만 목표를 이루고 나니 이내 흐리멍덩한 눈빛의 학생으로 되돌아갔다. 그러다가 마음을 다잡고 학업보다는 최소한의 학점 관리만 하며 남들이 흔히들 걷는 취업의 길 대신 사업을 선택하기로 했다. 100만 원을 투자해 의류와 모자 전문 쇼핑몰을 시작했다. 반신반의하며 시작하였으나 창업 초기 투자 대비 효율이 높았고 마케팅 회사에 다니던 지인의 도움으로 광고까지 해가며 많은 수익을 낼 수 있었다. 그 당시 대학생 혼자서 월 순익 500만 원 이상을 냈으니 한 학기 등록금을 한 달 만에 벌어들인 셈이었다. 상황에 취해 좋은 옷을 입고 멋진 자동차를 탔다. 지역신문에 조그맣게 청년 사업가로 기사가 나기도 했다.

하지만 초기 출세는 재앙이라는 말이 있듯이 그런 생활은 채 1년이 가지 못하고 끝이 났다. 국내 쇼핑몰의 소기의 성과에 우쭐해져 해외로 눈을 돌리기 시작했기 때문이었다. 나를 도와주던 마케터의 지인이 해외 법인회사를 차린다는 말을 들었다. 그 당시 어린 마음에 내 사업이 잘 되게끔 도와준 사람이라 철석같이 믿었던 것이 화근이었다. 통장에 6만8천 원만 남긴 채 전 재산은 그 사람과 함께 흔적도 없이 사라졌고 잘되던 쇼핑몰 사업도 부채로 인해 접을 수밖에 없었다.

그런 실패의 아픔을 겪고 나서 1년 동안 외부와 일체 담을 쌓고 살았다. 그때 눈에 들어온 것이 다시금 책이었다. 그렇게 잘 나가던 청년 사업가에서 한순간에 백수가 된 뒤 도서관에서 은둔 생활을 시작했다. 내가 싫었고 사람이 싫었다. 대신 책이, 책이 있는 공간이 좋았다. 수중에 돈이 떨어져 책 이외에 기댈 것이 별로 없기도 했다. 그렇게 좋아하던 만화책방에 갈 돈도 없어 도서관으로 향했다. 결국, 내가 책을 읽기 시작한 것은 현실도피를 위함이었다. 나쁜 기억을 잊으려는 방법일 뿐이었다. 책을 읽는 동안은 나만의 세계에 빠지고 걱정과 고민이 사라졌다.

책이 있는 공간에 있으면 혼자된 기분도 썩 나쁘지 않았다. 조용한 도서관 분위기는 나를 재촉하지도 않고 방해하지도 않았다. 하지만 한 달이 지나고 두 달이 지나면서 현실감각은 무뎌졌다. 나만의 세계에 빠진다는 것은 양날의 검과 같았다. 또래 친구들은 직장에 다니며 자리를 잡아가고 있는데 나는 현실의 쓴맛을 본 채 그 기억을 잊으려고 책에 매몰된 채 살아가고 있었을 뿐이다. 하지만 그러던 어느 날, 도서관 서가에 꽂힌 성공철학의 대가 나폴레온 힐의 저서가 눈에 들어왔다. 처음 읽은 것은《놓치고 싶지 않은 나의 꿈 나의 인생》이었다. 다음은 당시 이 책을 읽으며 마음속에 품었던 구절이다.

'사람들은 흔히 실패하면
육체적 고통을 준 불쾌한 경험부터 떠올린다.
하지만 고통은 저주가 아닌 축복이 되기도 한다.
실패하면 고통스러운 것은 당연하다.
감정은 상할지 모르지만 그런데도 유익한 면이 있다.'

이 문구를 계기로 더는 헛된 시간을 보내지 않겠다고 다짐했다. 지금은 돈 한 푼 없는 백수에 사업실패자지만 다시 사회로 돌아가기 위해 나를 갈고 닦을 준비 기간이라고 마음먹었다. 이 준비 동안 나를 이끌어줄 것은 단연 책이었고 독서였다. 다이어리에 버킷리스트를 작성했고 사회에 복귀하기 전까지 읽을 책을 선정했다. 이렇게 1년의 도서관 생활을 통해 100권의 추천서를 읽으며 정상적인 사회생활을 하기 위한 준비를 마쳤다.

사업실패에 대한 트라우마가 깊어 고민 끝에 직장인의 길을 택했다. 또래 친구들보다 뒤처졌다는 생각에 직장생활을 하기도 전에 회사생활 관련 책들을 수없이 섭렵했고 인간관계, 업무스킬을 익힐 수 있는 책들을 골라 읽었다.

힘들었던 시절, 독서는 아픔을 잊게 해주고 현실과 담을 쌓는 도피 수단이었지만, 동시에 현실을 돌파할 힘을 주었다. 책은 미처 알지 못했던 세상을 일깨워 주었고 현실의 문제점을 타개할 방법을 알게 해주었다. 마지막 페이지를 덮음과 동시에 '이 한 권에서 무엇을 얻을 수 있을까?'에 대해 끊임없이 생각하는 습관이 인생에 대한 물음으로 이어졌다. 답을 찾으려는 습관은 삶에 대한 애착으로 바뀌었고 책을 계속 읽게 해주는 원동력이 되었다.

힘든 상황이 계속되고 현실이 팍팍하다면 누군가에게 기대고 싶어진다. 자기 힘만으로 상황을 타개한다면 금상첨화지만 어려운 경우도 많다. 누군가에게 전화를 걸어 하소연하는 것도 일시적으로는 가능할 수 있지만 결국 이런 상황이 계속되면 상대방도 자신도 지친다. 익명의 사람에게 분풀이한다고 해서 상황이 바뀌지도 않는다. 자신이 무언가 상대방에게 줄 수 없는 상황에서 받기만 하기도 미안하다. 하지만 책을 인생의 파트너라 생각해보라. 미안해하지 않아도 되며, 도움만 받아도 괜찮다. 현실에서 도피하고 싶은 상황이라면 제자리에 머물지만 않고 책을 도약대 삼아 보면 어떨까. 분명 당신에게 좋은 힌트를 알려 줄 것이다.

A METHOD OF READING

이제껏 책을 단 한 권만 읽은 성공자는 없었다

당신이 만나는 모든 이에게 다정하게 대하라.
모두 다 힘겨운 전투를 하고 있으니.
- 플라톤

'책을 읽지 않고 성공한 사람은 있을지라도 단 한 권만 읽은 성공자는 없다.'

수많은 책을 읽으면서 줄곧 든 생각이다. 소위 우리가 성공한 사람이라고 부르는 이들에게 책은 어떠한 의미였을까? 보통사람들과는 다른 무엇이 있었던 것일까? 사실 여러 방면에서 뛰어난 그들도 책을 좋아하는 여느 보통 사람처럼 독서의 동기가 거창하지는 않았다. 지식에 대한 결핍감, 지금보다 조금 더 나아지고 싶다는 마음이 다소 강했을 뿐이다. 보통 사람과 다른 것은 이러한 마음이 독서습관으로 이어졌고 그러한 습관을 통해 세상을 보는 시야를 넓혀갔다는 점이다.

프랑스 변방 코르시카에서 태어난 나폴레옹은 어릴 적 보병학교 진학 당시 생김새, 옷차림, 태도 모두 다른 이들보다 뛰어나지 못했다. 아이들에게 놀림을 당하며 구석 한 쪽에 자리 잡는 것이 일상이 되었지만 손에서 책은 놓지 않았다. 책을 통해 얻은 것은 '내성'이었다. 어떠한 환경에도 휘둘리지 않고 지식을 쌓으며 마음을 단련했다. 그의 독서 범위는 점점 넓어졌다. 문학, 경제, 법률, 전쟁에 이르기까지 폭넓은 독서를 했다. 전쟁터에서 인생의 반을 살았지만 1년에 150권 정도의 책을 읽어냈다.

많은 이들이 시간이 없어서 책을 읽지 않는다고 말한다. 독서를 단순 취미로 보는 시각이라면 시간이 없다는 것도 일리가 있다. 취미를 위해 다른 더 소중한 것들을 미룰 수는 없다. 하지만 책 읽기가 단순 취미를 넘어서는 것이라 느낀다면 세끼 밥 먹듯 자연스레 시간을 낼 필요가 있다.

마이크로소프트의 창업자, 세계 최고의 갑부 중 한 명인 빌 게이츠 또한 지독한 독서가로 알려져 있다. 그는 자신의 업무 분야를 확장하기 위해 사업가들의 이야기, 경제경영 서적을 주로 읽었다. 이에 그치지 않고 순수 과학, 자서전, 전기를 읽으며 책 내용을 자신의 것으로 만들었다. 그는 "지식은 힘이다. 그 힘은 지식을 움켜쥐고 있을 때가 아니라 공유할 때 나온다"라는 말을 남겼다. 멀티미디어, 디지털 콘텐츠의 중심에 서 있는 그 조차도 책을 통한 정보, 지식 수용에 이견이 없음을 보여준 것이다. 이렇듯 책 읽기는 우리에게 지식이라는 선물도 안겨준다. 또한 단편적인 지식과는 다른 체계성을 보여준다. 바로 독서의 힘이다.

《톰 아저씨의 오두막》을 읽고 흑인 노예들의 삶에 대해 생각하기 시작했던 링컨의 경우 어린 시절 받은 정규교육 기간의 총합은 채 1년이 되지 않았다고 한다. 그런데도 그의 독서열과 학구열은 꺼지지 않았다. 부모님은 '이름을 쓸 줄 알고, 덧셈과 뺄셈을 할 수 있으면 되지, 책을 왜 읽느냐'

라고 타박했지만, 그런데도 링컨은 항상 가방과 주머니에 책을 넣고 다녔다. 이러한 배움의 노력은 변호사 자격 취득을 넘어 대통령 당선의 밑거름이 되었다.

에디슨 또한 독서광이었다. 그는 몇 개월이 채 되지 않는 정규교육만을 받았지만, 항상 책에서 익힌 내용을 실험을 통해 시험하고 증명하고자 했다. 그에게 책은 도전과제이자 목표를 향한 사례집이었다. 이렇듯 독서를 통해 간접경험을 하고 그 경험을 다시 증명해보는 행위를 통해 지식을 체계화 시켰다.

유명한 일화 외에도 평범했던 이들의 사례를 통해서도 독서의 힘을 느낄 수 있다. 남자들 사이에서는 버리는 시간으로 여겨지기도 하는 군대생활 동안 지독한 독서로 제대 이후의 삶을 그린 군인, 무기력증을 독서로 치유하고 강연하는 주부, 아토피 증후군과 대인 기피증으로 고통받던 시간을 독서로 치유한 현 강남 영어학원 원장, 자살 직전까지 갔다가 독서로 인생 선회를 한 전직 안경사. 이들 또한 지극히 평범하거나 그 이하였던 인생을 책을 통해 이겨냈다. 독서 외에도 그들 각자의 노력이 융화작용을 한 것이지만 그 중심에 독서가 있었다고 말한다.

예를 든 성공자들처럼 되기 위해 책을 강박관념에 사로잡혀 읽을 필요는 없다. 단지 독서는 받아들이는 사람의 마음가짐이나 태도에 따라 결과물이 달라진다는 것을 힘주어 말하고 싶다. 타인이 쓴 책으로 내 인생에 어떤 변화가 있을지 의구심만 품는다면 시간 보내기 취미로 만족할 수도 있다. 하지만 지금 읽고 있는 책을 통해 변화하고자 한다면 일말의 단 한 문장이라도 내 것으로 만들고 적용할 줄 알아야 한다.

오랜 기간 독서 근육을 키우고 자연스레 몇 권의 책을 집필하다 보니 그동안 읽었던 책들의 내용이 배경지식으로 큰 효과를 내고 있다. 한 문장, 한 문단씩 머릿속에 쌓여갈 때는 의식하지 못하지만 50권, 100권의 임계점에 도달할 때 지식의 파편을 자유자재로 뭉칠 힘이 생긴다. 아무리 양서라도 한 권의 책으로는 어떤 큰 결과를 기대하기는 힘든 이유이다.

독서만 하면 저절로 인생이 바뀌고, 업무의 달인이 되며, 부자가 될 수 있는 것은 아니다. 하지만 쌓여가는 책의 권 수만큼이나 지식과 정보의 파편들이 합쳐져 인생의 큰 그림을 그릴 방법 중 하나가 독서임에는 틀림이 없다. 조급해하지 말고 자신의 양서 리스트를 오늘이라도 만들어보자.

책을 읽기로 마음먹었다면 변화 지향적인 마음을 새기는 것이 우선이다. 오늘 한 권의 책을 읽었다면 자연스레 다음 책을 골라본다. 한 권 한 권 쌓여가는 책만큼이나 인생에 어떠한 영향력이 쌓여가고 있을까? 축적된 이 영향력이 어떻게 발산될 것인지 당장은 가늠하기 어렵지만, 변화의 씨앗의 크기가 조금씩 커나가고 있음은 분명하다.

운동뿐만 아니라 뇌기능에 영향을 끼치는 것을 찾아본다면 독서 또한 빼놓을 수 없다. 독서를 하면 '머리에 좋다, 지식이 풍부해진다' 등의 단편적인 이야기는 많이 들었을 것이다. '마음의 정화, 자아를 찾는 수단' 등의 장점을 굳이 말하지 않고 생물학적인 두뇌기능 향상에만 초점을 맞추더라도 독서의 순기능은 파격적이라 할 수 있다.

투자 대비 10배 효율을 높여주는 메리트 독서

두 번째 독서법

단순한 두뇌에서 슈퍼헤드로 탈바꿈하는 법

고개를 들어라. 각도가 곧 태도다.

- 프랭크 시나트라 -

운동이 신체에 미치는 좋은 영향에 대해서는 왈가왈부할 것 없이 많은 연구가 이루어졌고 사실로 입증됐다. 운동의 중요성을 익히 알고 있지만 실천이 힘들 뿐이다. 운동이 신체에 영향을 미치는 것처럼 두뇌활동에도 직접적인 영향을 끼친다는 것 또한 공공연한 사실이다. 영국의 한 과학 페스티벌에서 진행했던 에어로빅 실험은 운동이 두뇌에 미치는 영향을 잘 말해준다. 60세 이상 노인들을 대상으로 4주간 에어로빅 프로그램을 실행해 본 결과, 심장 박동이 빨라질 정도의 운동을 한 경우 두뇌 기능도 향상됨을 확인할 수 있었다. 특히 전두엽 부분의 기능이 향상되었다. 전두엽은 우리 뇌를 구성하는 부위 중 전방위 사령관이라 할 수 있을 정도로 중요한 기능을 담당하고 있다.

전두엽은 기억과 사고, 판단 등 고도의 정신 작용을 조절하기 때문에

뇌에서 가장 중요한 부위라고 할 수 있다. ADHD주의력결핍 과잉행동 장애를 의학적으로 '전두엽 실행 기능 이상'이라고 부르는데, 전두엽 기능에 이상이 생기면 일상생활이나 공부에 집중하지 못하고 행동을 억제하지 못하며 계획을 세우거나 아이디어를 구상하는 일이 불가능해진다.

운동뿐만 아니라 뇌기능에 영향을 끼치는 것을 찾아본다면 독서 또한 빼놓을 수 없다. 독서를 하면 '머리에 좋다, 지식이 풍부해진다' 등의 단편적인 이야기는 많이 들었을 것이다. '마음의 정화, 자아를 찾는 수단' 등의 장점을 굳이 말하지 않더라도 생물학적인 두뇌기능 향상이라는 독서의 순기능은 파격적이라 할 수 있다.

"뇌는 플라스틱과 같아서, 우리의 행동에 따라 모양이 달라진다."

이는 아일랜드 교육기관 〈트리니티 칼리지〉의 이안 로버트슨 교수의 말이다. 즉 노력한다면 정도에 차이는 있겠으나 나이에 상관없이 뇌의 기능을 향상할 수 있다는 것이다. 여기에서의 노력을 독서에서 찾아본다면 뇌의 자극과 연관 지어 볼 수 있다.

'책을 읽는다'는 것은 새로운 정보를 받아들이고 정보와 지식을 섭취하고 영양분을 얻는 과정이다. 이미 알고 있는 정보라면 확인을 거치는 단계이며 새로운 정보라면 새로운 지식 층위를 다져가는 경험을 가진다. 이러한 경험은 단순한 체험에 머물지 않고 새로운 정보를 받아들이는 과정에서 활발한 두뇌자극으로 이어진다. 독서로 두뇌에 끊임없이 적절한 자극을 주거나 새로운 영어단어를 암기하고 있는 사람의 뇌를 촬영해 보면, 기억을 관장하는 핵심부위인 해마뿐 아니라 전두엽 좌측이 활발하게 기능하는 것을 관찰할 수 있다.

두뇌에 자극을 주는 활동은 미술, 음악 활동, 바둑, 보드게임 등 다양한 데 그중에서도 독서를 빼놓을 수 없다. 꾸준한 독서는 새로운 지식을 흡수하고 머릿속에 각인시키기 때문이다. 나아가 받아들인 정보를 배열하는 일사불란한 활동을 주지시키며 두뇌의 사령관인 전두엽을 자극하고 발달시키는 기능에 있어 제 몫을 한다.

사람마다 차이는 있겠지만 보통 독서에 심취한 사람들, 1년에 최소 50권 내지는 100권을 읽어내는 사람들의 의식체계는 양방향으로 뚫려 있는 고속도로와 같다. 이 독서가의 고속도로와 같은 뇌 속에서는 무슨 일이 일어나고 있을까? 사람의 뇌 속에는 미엘린Myelin이라는 백색 피막이 있다. 이 물질은 뇌 신경을 겹겹으로 싸매고 있는데, 이 물질이 많고 두터울수록 뇌 신경 섬유의 정보 교류가 신속하고 명확하다. 쉽게 말해 정보를 받아들이고 해석하며 자신의 것으로 만드는 사고체계가 신속하게 발달한다는 것이다.

미국 피츠버그 대학의 마르셀 저스트 박사는 "독서와 같은 사고 과정을 꾸준히 하면 뇌신경이 자극되어 더욱 많은 미엘린이 생겨난다. 결과적으로 신경 자극을 전달하는 속도가 매우 빨라지고 이 자극에 반응하는 속도도 빨라진다."라고 말했다. 여기서 주목할 것은 '사고 과정의 반복'에 있다.

'책을 읽는다'는 것은 단편적인 시각 행위가 아니라 매우 복잡다단한 사고체계의 과정을 겪는 것과 같다. 이렇게 독서를 반복함으로써 뇌기능을 향상시킬 수 있다. 눈으로 보고 새로운 지식을 흡수하며 감정에 동화되어 기존에 알고 있던 경험들과 일치시키려는 뇌의 기능이 동시에 작동하는 것이다. 이러한 독서라는 반복과정이 전제가 되어야 뇌 기능의 활성화가 이루어진다고 볼 수 있다. 이 시점에서 '임계점'의 뜻을 짚고 넘어갈 필요가 있다. 임계점이란 일반적인 물리학에서는 부분적으로만 혼합되는 두 액체의 경계가 소실됨으로써 완전히 일체화되는 경우의 온도와 압력을 말한다. 즉, 변화를 위한 한계 꼭짓점이다. '최소 이 정도까지는 노력해야 한다'는 무언의 압력이다.

독서에도 임계점이 존재한다. 신년마다 서점에 몰려드는 직장인들의 마음속에는 1년 50권, 100권의 독파 목표가 자리 잡는다. 하지만 이내 일상화되지 않는 독서습관과 현실의 무게에 짓눌려 몇 권 읽다가 지레 포기하기 쉽다. 임계점에 다다르기 전에 포기하고 다시 도전하더라도 임계점과는 거리가 먼 밑바닥 언저리에서 맴돈다. 그렇다 보니 임계점을 넘지 못한 뇌는 더는 단련되지 않고 3일 후에는 읽은 내용을 잊어버리는 단편적인 지식 쌓기에 머물고 마는 것이다.

장현갑의 《생각 정원》에 실린 '9일간의 독서와 뇌 실험'에 따르면, 책을 읽은 후 감수성을 비롯한 뇌의 기능 향상이 책을 읽은 후에도 약 5일이나 지속되었다고 한다. 5일이 지나기 전에 책을 계속 읽어나가면 뇌가 새로운 확장체계를 받아들이고 적응해간다. 하지만 며칠 동안만 책을 읽다가 그만두고 1개월, 3개월이 지나 다시 독서를 시작하면 이전의 독서경험을 잊어버리고 시너지 효과를 내기가 어렵다는 의미를 내비쳤다.

결국 꾸준함을 통해 독서의 임계점을 뛰어넘는 것이 수월한 책 읽기로 이어질 수 있다. 이 임계점을 수치로 굳이 환산한다면 최소 한 달에 1~2권을 읽어야 단련이 될 수 있을 것이다. 꾸준한 독서로 한 번이라도 임계점을 넘어서면 뇌가 독서에 점차 적응하고 책을 읽지 못하는 주기가 길어지더라도 이전 독서경험을 떠올리는데 드는 시간이 짧아진다.

독서가 세끼 밥 먹듯 일상화되면 뇌의 전두엽이 발달할 뿐 아니라 좌뇌와 우뇌의 정보습득과 해석 기능이 활성화된다. 그것은 곧 뇌가 노련해진다는 것을 의미하며, 노련해진 뇌는 적은 시간에 많은 정보를 더 명확하게 받아들이고 내보낼 수 있다. 숙련되지 않은 독서가의 뇌는 많은 시간과 노력을 들여 정보를 전달하는 반면, 숙련된 독서가의 뇌는 책 읽기에 적응된 두뇌 회로의 계기판이 쉽고 빠르게 열린다.

지금 막 발걸음을 뗀 독서가의 뇌는 1차선 시골길과 같다. 하지만 여러 책을 섭렵한 숙련 독서가의 뇌는 양방향으로 뚫린 고속도로처럼 새로운 책을 만나더라도 쉽게 적응할 수 있다. 1차선 시골 차로에서는 마주 오는 차를 비켜나기가 힘들어 신속히 주행할 수 없다. 고속도로는 많은 차들이 왕복할 수 있지만, 시골길은 어렵다. 오래 걸릴 뿐만 아니라 길이 고르지 않기 때문이다.

이처럼 우리의 뇌가 시골길에서 고속도로가 되기 위해서는 단 한 번의 독서로는 불가능하다. 지금은 책을 읽어도 별다른 변화가 일어나지 않는 것 같아도 꾸준한 독서를 해보라. 임계점을 돌파할 때까지 말이다. 그러면 새로운 독서가의 반열에 올라 더 많은 경험을 할 수 있게 될 것이다.

손해 없고 만기 없는 평생투자, 북테크

비전만 좇다 보니 방향을 잃었다.

- 로빈 그린-

교복을 단정하게 차려입고, 호랑이 같은 선도부 부장님 앞을 지나가는 어깨 움츠린 청소년들. 고개가 젖혀질 만큼 단잠에 취해 휘청거리고 선생님의 분필 던지기 사정권에 들어온 한 아이의 모습.

'학생'이라는 단어를 떠올리면 이런 이미지부터 떠오르는가. 그렇다면 지금부터 다른 관점에서의 학생에 대해 생각해 보라. 고은 시인은 학생을 다음과 같이 정의했다.

"학생이라는 말을 나는 아주 좋아합니다. 무언가를 배우는 생명이라는 말이지요. 평생 숨이 넘어갈 때까지가 공부의 기간이라고 확신해야 합니다. 그래서 나는 늘 내가 타고나지 않은 많은 것들을 내 것으로 만들기 위해서 끊임없이 공부하지요. 책을 펴면 살아나고, 아기처럼 태어나서 생명이 자라나지요. 책은 나에게 어떤 생명이 왕성하게 지속되는 숲속이고,

그 속에 내가 있어요."

졸업장을 얻는 순간부터, 회사에 취업한 순간부터 공부에서 해방됐다는 마음으로 지식체험의 소중한 경험을 뒤로하고 살아왔다면, 특히 공부와 담을 쌓고 살아가는 직장인이라면, 곰곰이 생각해볼 구절이다. 단순히 어떠한 시험에 응시하기 위해서 하는 공부, 자격을 따기 위한 공부도 물론 의미는 있다. 하지만 단지 어떤 자격을 위한 공부가 아니더라도 자신의 발전을 위해 하는 꾸준한 평생 공부는 당연한 것이 아닐까.

직장생활 연차가 늘어날수록 업무에는 익숙해지지만 지난 5년, 10년의 발자취를 되새겨볼 때 공허함이 밀려온다. 직장생활 초기 쌓았던 얕은 경험과 지식에 발전이라는 덧댐이 없이 쭉 얄팍한 응용으로만 살아온 느낌이 들 때가 있다. '우물 안 개구리로 살고 있지 않을까?' 하는 걱정의 기운이 스멀스멀 올라오는 것이다. 업무에 나름 충실했고 가족과도 단란하게 잘 지내는데 알 수 없는 불안감과 압박감이 밀려들기도 한다.

사회생활을 할수록 배움에는 끝이 없다는 것을 끊임없이 느끼고 스스로 되뇐다면 어제보다 조금이라도 나은 나로 살아가기 위해서 배움의 장을 확장할 수밖에 없다. 오늘 예정된 프로젝트만 무사히 넘기기 위한 단편적인 지식을 취하고 내일은 잊어버리는 공부 방식을 취하고 있다면 이제는 '북테크'를 통해 평생공부로 이어가는 것은 어떨까.

독서의 목적은 정말 다양하다. 취미, 힐링, 업무공부, 저자가 되기 위한 독서 등 목적은 많지만 목적 간에 상위, 하위 관계는 없다. 무엇이 중요하고 하찮은지 분류하는 것이 의미가 없다. 목적 없이 읽어도 스스로 힐링이 된다면 충분하지 않을까. 승진을 위해 관련 분야를 공부하는 것도 훌륭한 목적성 독서이다. 단지 조금 더 독서가의 길을 걷고 싶다면 북테크라는 개념을 알고 있으면 도움이 될 것이다.

필자는 글쓰기 강의, 책 쓰기 강의를 하면서 수강 직장인들에게 북테크를 해보라고 한다. 그럼 북테크라는 이야기에 처음 듣는 수강생들은 의아한 듯 되묻는다. "강사님, 다 읽은 책을 파는 것이 북테크인가요?" 이러한 질문을 듣는 경우가 빈번하다.

'아, 내가 의미를 잘못 전달할 수 있겠구나'하는 걱정에 다시금 설명을 시작한다. 북테크는 지식에 투자한다는 개념이다. 북테크도 재테크와 같이 자신이 얻고 싶은 지식에 투자한다고 이해하면 된다. 부동산, 경매, 주식에 투자하는 열풍이 유행처럼 번졌다가 사라졌다 하기를 반복하고 있다. 하지만 불과 몇 개월 전에 출간된 책에 나온 부동산 지식이 오늘 읽은 책과는 내용이 너무나 달라 적용하기가 쉽지 않은 경우가 많다. 이처럼 재테크 분야는 수시로 '업데이트 공부'를 해야 할 분야로 인식된다.

이 세상 대부분에는 투자 개념을 적용할 수 있다. 어떠한 목적을 취하기 위해 들인 돈, 노력 모두 투자비용이 된다. 취업을 위해 자격증 학원에 등록했다면 자신의 미래에 투자한 것이고 일주일간 열심히 일을 하고 주말여행을 떠났다면 자신의 심신 회복에 투자한 것이다. 독서를 꾸준히 하지 않는 이유 중 하나는 책을 읽어도 '무엇에 도움이 되는지 모르겠다'는 생각 때문이다. 독서는 시간 낭비라는 생각이 머리에 맴돌고 점점 책과 멀어지고는 한다. 이러한 생각이 많아진다면 독서도 '투자'라는 개념을 가지면 생각의 전환에 도움이 된다.

그럼 '책을 읽는다'는 것은 어떠한 투자를 의미하는 것일까? 사실 일반적으로 독서는 소비행위로 생각되기 쉽다. 서점 직원에게 돈을 지급한 순간 비용으로만 여겨진다. 단지 1~2만 원 안팎의 돈을 내서 구입하는 소비

재일 뿐이라고 생각한다면 어쩔 수 없다.

단, 책의 비용을 투자라 생각하고 그 안에서 얻을 수 있는 것들을 생각한다면 인풋 대비 효율성이 높은 투자라 할 수 있다. 모든 투자에는 리스크가 따른다. 책 또한 단순히 읽는다고 해서 매번 모두에게 직접적인 변화나 효용성을 가져다주지는 않는다. 그래도 북테크는 최소한 주식투자에서 겪을 수 있는 상장폐지와 같은 엄청난 위험은 겪지 않는다. 투자 실패로 인생에 치명타를 가할 만큼 큰 피해를 보지도 않는다. 정도에 차이는 있을지라도 오히려 어떠한 책을 읽었다면 인생을 살아감에 있어 그 작은 조각의 지식파편이라도 적재적소에 빛을 발하는 순간이 온다. 잠재의식 속에 그 작은 지식조각이 때와 적정 장소를 찾지 못하고 정착하지 못한 채 떠돌고 있을 뿐이다.

독서는 목적 없이 자기만족을 위해 읽는 것도, 투자 개념을 살려 적극적으로 읽는 것도 말할 나위 없이 의미가 있다. 스스로 책과 독서에 어떤 의미를 부여하는지가 중요할 뿐이다. 그런데도 북테크 개념을 소개하는 이유는 독서하고자 하는데도 항상 앞 몇 페이지만 읽다가 책을 덮고 신년이 되면 '책 좀 읽을걸…' 하고 후회하는 이들에게 힘이 되기 위함이다.

사람은 자신이 투자했다는 생각이 들면 정신이 번쩍 들고 투자비용을 회수하기 위해 귀를 쫑긋하고 집중하기 마련이다. 명확한 북테크가 이루어지려면 이 책을 통해 무엇을 배울 것인가 끊임없이 되묻고 정리하는 생각의 습관을 가져야 함은 물론이다.

필자는 취미로 읽는 추리소설의 경우 투자의 개념을 버리고 마음을 비운 채 즐겁게 읽어 내려간다. 반대로 투자로 인식한 책은 철저하게 나만의 독서 전략을 취한다. 주말이 되면 책 한 권을 정해 북테크의 기준을 정한다. 이 책을 통해 내가 무엇을 얻을 것인지 예상하고 책을 덮었을 때, 실질적으로 무엇을 얻었는지 비교한다. 책을 읽기 전과 후의 변화도 목록으로 정리한다.

예를 들어 경매 책을 섭렵했다면 책을 읽기 전에는 몰랐던 개념들을 간략하게 정리해 다이어리 '평생 공부' 공책에 써넣는다. 책을 두 번 읽지 않아도 궁금했던 키워드 색인을 통해 복습하는 효과를 가질 수 있다. 이러한 경우 독서가 단순한 소비행위가 아니기에 투자대비 효용성을 따져보고 맛볼 수 있다. 그리고 투자행위인 읽기를 했다면 실전에 적용하는 것을 통해 결과물을 낸다.

실제 책만 읽고 경매에 도전해보면서 생각이 든 것은 책이 훌륭한 멘토가 됨은 물론 저비용의 투자대상이 된다는 것이었다. 이러한 개념을 깨달은 후 투자를 할 분야를 일목요연하게 계획으로 표기했고 10년 치 공부목록을 작성했다. 보통 몇 개월을 하나의 단위로 하여 계획을 세운다. 1년을 2~3개월씩 나눠 하나의 프로젝트로 삼는다. 예를 들어, 1~2월이 주식에 대한 이론 공부 기간이라면 3월 한 달간은 관련 내용을 실행해본다. 그리고 실행의 달과 겹쳐 3~4월에는 또 다른 부동산 공부를 이어간다. 이론적인 공부와 실행의 달이 겹치도록 끊임없이 꼬리 물듯 공부한다.

책을 읽고 그 사례를 접목해 결과치를 냈다면 다이어리에 기록하고 그 책이 어느 정도 효용성을 주었는지 파악한다. 그대로 누군가에게 추천이 되기도 하고 내 양서 목록에 남겨지기도 한다.

이제 한 번 자신만의 평생공부를 위한 북테크 전략을 짜보는 것은 어떨까? 단순 소비가 아닌 투자의 결과치를 손에 들고 가치를 평가해 보는 것이다.

"책은 가장 조용하고 변함없는 벗으로 쉽게 다가갈 수 있고 가장 현명한 상담자이자, 가장 인내심 있는 교사이다."라고 전 하버드 대학 총장 찰스 W.앨리엇은 말했다. 이와 더불어 이제는 북테크로 마음의 양식을 쌓는 동시에 지식의 향연을 제대로 누려보는 '전문 독서 투자자'가 되기를 권한다.

업무 전문가로 거듭나는 일 근육 트레이닝 독서법

남들이 당신에게 던진 벽돌로 탄탄한 기반을 쌓을 수 있어야 성공한다.

- 데이비드 브링클리-

3년, 5년, 10년 직장생활을 이어가다 보면 부딪히는 문제는 한두 가지가 아니다. 주기마다 슬럼프가 찾아오고 승진문제로 긴장하고 '앞으로의 10년을 어떻게 버틸 것인가?' 하는 생존의 문제도 불안감과 함께 불쑥불쑥 찾아온다. 이러한 불안감은 자신의 업무 분야에 자신감이 떨어질 때 더 쉽게 생겨난다. 직장인을 비롯한 모든 사람에게는 '자연 성장률'이 적용된다. 살고자 하는 본능, 시간에 따라 성장하는 의식, 신체변화 등이 이에 속한다. 이러한 자연 성장은 누구에게나 그 싹을 찾아볼 수 있다. 범위를 넓히면 인간을 포함한 동물 모두에게서 일어난다.

누군가의 개입, 지도, 방향설정 없이 얼마간의 성장은 자연스럽게 스스로 할 수 있다. 하지만 그 이상은 자연 성장률에 기댈 수 없다. 특히 사람은 신체적 성숙도에 있어 다른 동물에 비해 자연 성장률이 현저히 낮다.

코끼리 새끼는 본능과 생존의 위협에 맞서기 위해 태어나자마자 일어서서 어미를 따라다닌다.

반면 사람은 학습이라는 생존에 결정적인 도구를 이용해 발전해 왔다. 사람만큼 신체적 성숙도가 낮은 동물은 찾아보기 힘들다. 직장생활에서도 특별한 공부 없이도 지금껏 경험해 온 실전경험으로 문제 없이 살아갈 수도 있다. 주임에서 대리, 과장에서 차장으로 진급하면서 소위 자리에 걸맞은 행동을 스스로 갖춰나간다. 하지만 자연 성장률을 인정하면서도 그것에 기대서만 살 수 없다. 자연 성장에는 명백히 한계가 있기 때문이다.

책상 위에 놓인 현미경과 망원경 중 한 개만 골라야 한다면 당신은 어느 것에 손이 먼저 갈 것 같은가? 멀리 바라볼 수 있는 망원경으로 멋진 경치를 관망할 것인가, 현미경으로 눈에 보이지 않는 세계를 현실화할 것인지 말이다. '선택'이라는 전제 조건을 걸었지만, 독서에서 또한 한 가지도 빼놓을 수 없는 상징적인 도구들이 현미경과 망원경이다.

근대 중국의 저명한 학자 고힐강顧頡剛은 "많은 책을 읽어 상식을 얻되, 독서를 제대로 하려면 현미경과 망원경을 동시에 갖추어야 한다."라고 말했다. 여기서 망원경은 다양한 분야에 대한 독서의 중요성과 필요성, 현미경은 전문 분야에 대한 깊은 독서를 의미한다. 역사적인 사실을 치밀하게 분석하는데 의미를 부여하느냐, 역사의 큰 기조와 전체적 국면에 주목할 것인지의 관점 차이라고 할 수 있다.

기호에 따라 망원경만 선택할 수도 있고 현미경을 선택할 수도 있다. 하지만 폭넓은 지식을 얻을 것이냐, 깊이 있는 독서를 택하느냐의 차이다. 사실 이러한 망원경과 현미경의 관계는 보완관계이므로 어느 한쪽이 우세하다고 볼 수 없다. 그런데도 자신의 업무에 있어 전문가가 되려는 직장인, 사업가에게 현미경의 중요성은 더욱 간과할 수 없다.

중국의 문학가이자 사상가인 노신은 깊이 파고드는 읽기와 공부의 중요성을 피력했다. 폭넓은 독서를 기반으로 "선택하고 결정을 내려 자신이 필요로 하는 분야로 들어선 후 깊이 연구하라."고 말했다. 이렇게 하지 않는다면 읽기는 했는데 손에 쥔 것 없는 배움의 잡다함에만 만족하게 될 것이라는 의미였다. 시대는 달라졌지만, 현대의 직장인들이나 1인 기업을 준비하는 이들에게도 통용되는 전문분야 독서의 중요성을 일깨울 수 있는 부분이다.

지금 하는 업무가 적성에 맞지 않아 꾸역꾸역하고 있다면 업무를 위한 공부도 굳이 괴롭게 이어갈 필요는 없다. 하지만 자신의 현 업무를 확장하고 퇴직 후에도 그것과 관련된 경력창업을 원한다면 '업무확장 독서'는 가공할 위력을 가지고 있다. 단순히 책을 읽는 것이 아니라 자신을 전문가로 이끌어주는 수단이 될 수 있기 때문이다.

업무공부를 독서로 확장하기 위해서는 시간 계획이 필수다. 평일 1시간, 주말 3시간 등의 명확한 시간이 정해져야 몰입 독서로 원하는 결과물을 만들어낼 수 있다. 가령 기획업무를 맡고 있다면 다음과 같이 계획을 세워보기 바란다.

기획전문가가 되기 위한 업무독서

먼저 기획 관련 전체 도서 20여 권을 조사한다.

인터넷 서점과 오프라인 서점을 활용해 목차를 대조해 보고 내용이 겹치지 않는 선에서 양서를 골라낸다. 인터넷 서평을 참고하면서 책의 단점도 파악한다. 책을 낸 저자의 활동상황을 점검해 보고 활발한 강연이나 저술 활동을 통해 일반 대중에게 좋은 평가를 받고 있다면 우선순위에 올리도록 한다. 외서나 실무와 동떨어진 책들은 될 수 있는 대로 지양하고 실제 자신이 적용하고 따라 해 볼 수 있는 책들을 골라본다.

두 번째, 조사한 책을 목록으로 만든다.

20권을 골라냈다면 엑셀 프로그램을 이용해 목표 도서목록을 작성한다. 순서는 당장 필요한 도서로 선정하거나 난이도를 파악해 쉬운 것부터 읽기 시작한다. 목록화한 책의 옆 빈칸에 그 책의 '키워드'를 적어 놓으면 이 책을 읽으면서 무엇을 얻을 것인가에 대해 목표를 세울 수 있다. 키워드는 책의 서문, 목차, 출판사 서평 등을 참고한다.

세 번째, 읽을 책의 마감기한을 설정한다.

업무전문가가 되기 위한 독서는 명확한 마감기한을 설정해 다소 촉박한 상태에서라도 소정의 결과물을 얻어내기 위함을 목표로 한다. 따라서 시험공부 하듯 쫓기듯이 할 필요는 없지만 이왕 목표를 세우고 독서하겠다는 마음을 다잡았다면 이 책을 언제까지 독파하겠다는 마감기한을 설정하자. 그에 맞춰나가는 추진력을 체감할 수 있다. 400쪽짜리 책을 읽을 때 200쪽을 읽었어도 잘 이해가 되지 않고 도움도 될 것 같지 않다면 스트레스를 받으면서까지 읽기보다는 과감히 포기할 수도 있어야 한다.

네 번째, 업무와의 연관성을 끊임없이 상기한다.

현재 업무에서 미진한 점과 궁금한 점을 상기하며 책에서 해결책을 찾아낸다는 생각으로 독서에 임하면 집중력이 배가된다. 업무확장 독서에서 중요한 점은 '문제 제기'와 '문제해결'이다. 물론 한 권의 책으로 자신의 갈증을 모두 해결할 수는 없기에 다른 책으로 옮겨가는 것도 필요하다. 다만 의문점만 가득한 채 책을 덮으면 마침표를 찍지 않은 찜찜함은 계속 남기에 책을 읽으면서 끊임없이 생각해 보길 바란다.

다섯 번째, 여러 책의 키워드를 조합한다.

업무 관련 분야의 책을 깊이 있게 읽어도 모든 정보를 내 것으로 만들기에는 시간이 부족하고 모든 것을 기억할 수도 없다. 이때 기록이 필요하다. 업무노트에 책에서 읽은 내용을 키워드별로 조합해본다. 책을 읽으며 중요 부분에 체크했다면 이 작업은 훨씬 수월해질 것이다. 이 '독서 업무노트'에 기록되는 키워드와 내용은 자신이 직접 읽은 것이고 공감을 했던 부분이므로 머릿속에 각인되기 쉽다. 실제 필자는 직장생활을 하던 당시 실무 업무를 하며 이 노트를 들춰보고 후배들과 지식을 나눴으며, 회의시간에는 아이디어를 내는 등 많은 도움을 받았다.

'지금 어떠한 공부가 필요할까? 어떻게 직장에 다니며 공부를 할 것인가?' 결심이 서지 않는다면 자신의 업무와 가장 밀접한 것에서부터 공부하는 것이 어떨까? 매일 익숙하면서도 자신과 씨름하는 영업기획, 회계업무, 기획업무, 디자인업무 등 지금까지 해온 실전경험에만 의지해 시간이 지날수록 불안감에 휩싸이고 있다면 현미경을 보는 것처럼 밀도 있는 독서로 불안감을 날려버리자. 현재를 위해서도 미래를 위해서도 도전해볼 일이다.

A METHOD OF READING

일상을 새로운 여행지로 바꾸는 여행 독서

일반적인 것을 잃을 위험을 감수하지 않으면 평범한 것에 만족해야 한다.

-짐 론-

인생의 재정비를 위해, 자신을 다독이기 위해 직장 스트레스를 풀기 위해 잠시라도 일상에서 벗어나고자 여행을 떠난다. 저마다의 목적이 있고 부여하는 가치는 다르겠지만 여행을 통해 바쁜 일상을 떠나 해방감을 느끼기 위해, 인생의 뒤안길에 이르러 공허함을 달래기 위한 것은 공통적인 이유가 아닐까 싶다. 그렇다고 여행이 온전히 즐거움만 보장하는 것은 아니다. 낯선 곳에서 헤매기도 하고 생각지 못한 일로 마음고생을 하며 집에 돌아오면 결국 '집이 최고구나'라는 생각도 하게 된다. 그럼에도 얼마간 시간이 지나면 또 떠나고 싶다. 그 이유는 무엇일까?

여행은 전환점이다. 지금 가지고 있는 것을 비우고 새로움을 받아들이는 것, 여행이 가진 매력은 자신과 새로운 세상과 만남을 오감으로 체험하는 것에 있다. 자신에게 맞는 것은 취하고 맞지 않는 것은 버리고 오는 것. 여행은 물리적 관계로 보면 떠남이지만 심리적 관점에서는 '자신을 찾아 돌아오는 과정'이다.

필자는 여행을 떠날 때 꼭 책 한 권을 챙겨 한 번에 두 번의 여행을 떠나곤 한다. 여행지에 도착하기 전 기차에서의 독서는 지식을 체험하고 감동을 느끼고 여운을 남기며 일상을 탈출할 수 있는 환풍기 역할을 한다. 목적지에 도착하면 책은 덮고 낯선 곳의 청취를 온몸으로 받아들인다. 첫 번째 여행인 독서에 이어 두 번째 여행이 시작되는 것이다. 독서는 전국을 누비는, 배낭 가방을 매고 잘못 들어선 길에 한숨 쉬며 생수 한 모금을 마시는 진짜 여행과 같은 의미를 가질 수 있는 걸까?

사회생활을 하다 보면 온전한 여행을 떠나기가 쉽지 않다. 현업에 종사하고 생계를 위해 당장 눈앞에 쌓인 일들을 처리하기도 바쁘다. 막상 휴가를 내더라도 일상에 복귀했을 때 쌓여있을 일들로 걱정이 앞선다. 대부분의 사람들은 원하든 원치 않든, 일하기 위해 휴식을 이용하는 것이 아니라 휴식을 취하기 위해 일하는 분위기가 더 강하다. 점점 스스로나 주윗사람에게나 피로를 권하는 분위기가 낯설지 않다.

직장인은 더 그렇다. 겨우 힘들게 얻은 연차 3일이지만 휴양지에 가서도 휴대폰의 전원을 3일 내내 꺼놓기도 어렵다. 단체 채팅방의 업무 메시지를 휴가 3일 동안 무시하기도 왠지 찜찜하다. 내 권리를 당당히 누리면 될 일인데도 흡사 누군가에게 빚을 진 느낌으로 항상 긴장되고 신경이 곤두선 채로 돌아온다.

하지만 독서로 떠나는 여행은 오히려 자유롭다. 일을 마치고 저녁에 잠들기 전 책을 읽을 때마다 새로운 여행을 떠난다고 상상한다. 가고 싶은 곳도 많고 하고 싶은 것도 많지만 모든 것을 내가 경험하고, 언제나 가고 싶을 때 여행을 떠나는 것은 쉬운 일이 아니다. 여행 대신 독서를 택한 이유이다. 처음에는 내 마음대로 여행을 떠나지 못하는 아쉬움에 대한 반기였다. 여행 대신 방에서 책을 읽는 나 자신이 궁상맞아 보이기도 했다. 하지만 차츰 독서에 빠지며 내 입맛대로 골라 색다른 지식 여행을 떠난다는 묘한 매력에 빠져들기 시작했다.

사람은 나이를 먹을수록 후회도 늘어난다. 인생을 돌아봤을 때 한 점 후회 없는 삶을 살기란 쉽지 않다. 모든 것을 꿰뚫어 보고 모든 선택의 기회비용을 알며 그 결과까지 아는 전지전능한 존재가 아닌 이상 항상 최선이라 생각하는 선택과 경험을 고르고 있을 뿐이다. 이렇게 시간상, 물리적으로 모든 경험을 해낼 수 없는 내게 독서는 지식체험의 창구 기능을 했다. 책을 읽을수록 알지 못했던 세계를 알게 되고 놓칠 수 있었던 기회들과 꿈을 상기시키고 내 것으로 만들 수 있다는 확신을 가지게 했다.

새로운 세상을 꿈꾸는 멋진 모험이야기는 예나 지금이나 남녀노소 상관없이 사람들을 즐겁게 한다. 바쁜 일상을 살아가는 사람들에게 상상의 세계를 선물하는 책은 그 자체로 많이 읽히고 인정받았다. 호메로스의 서사시 《오디세이》로부터 시작해 모험소설의 대표작 《걸리버 여행기》, 《로빈슨 크루소》, 《허클베리 핀의 모험》, 《보물섬》이 명맥을 이어받았다. 이 중 로버트 루이스 스티븐슨의 《보물섬》은 모험소설의 대표작으로 꼽히며 애니메이션, 뮤지컬, 영화 등 각종 매체로도 만나게 됐다.

책의 내용은 모험을 다루고 있으나 정작 작가인 스티븐슨은 어릴 적부터 결핵을 앓아 바다의 모험은 엄두를 낼 수 없었다. 그나마 요양 차 유럽 전역으로 여행을 떠난 경험과 문학적 재능을 녹여 자신처럼 몸이 약한 아이들과 성인을 위한 대모험극을 집필했다. 《보물섬》은 몸이 아파 바다 구경은 하지도 못할 아이들이 상상력을 키우고 새로운 꿈을 꾸게 하는 데 일조했다.

단지 읽는 것만으로 자신이 직접 경험하지 못한 낯선 환경을 모두 체화할 수 있는 것은 아니다. 독일여행 관련 서적을 독파했다고 직접 여행을 다녀온 사람이나 현지인보다 지식이 월등하다고도 할 수 없다. 그럼에도 독서로 떠나는 낯선 여행은 자신이 지향하는 바에 대해 곧 익숙함을 전해준다. 발품 팔아 떠난 것은 아니지만, 저자의 시야를 통해 감정을 이입하고 시대적 상황에 나 자신을 오롯이 던져 보며, 때로는 객관적으로 바라보고 주관적인 느낌으로 되돌려 받는 과정을 반복하는 것이다.

독서를 통해서 전혀 새로운 인생을 맞닥뜨리는 것은 아니지만 충분히 새로운 삶의 방식을 학습할 수 있다. 물리적인 한계, 태생적인 환경을 뛰어넘는, 경계를 허무는 것이 책으로부터 시작된다. 독서과정에서 잠시 혼란을 겪게 될 수도 있지만, 저자의 관점을 해석하고 필터링하며 자기 주도적인 삶의 방식을 배우게 된다. 독서는 흔하디 흔한 것과의 결별을 통해 새로운 시작의 전환점을 발견하고자 하는 중간점이다.

사회생활을 하다 보면 기존 생활방식의 가치관이 흔들리고, 새로운 기준을 필요로 하는 상황 속에서 혼란을 겪는다. 중간지점에 머무는 법을 배우는 방법인 독서는 차츰 무르익을수록 새롭게 변하게 해 주는 생산적인 방법이다. 결국 새로움의 시작은 낯선 견해, 관점, 현실을 받아들이게 한다. 사람들은 인생의 전환점을 찾기 위한, 조금은 위태롭고, 약간은 외롭고, 길이 아닌 것 같은 곳에서 헤매기도 한다. 낯설더라도 독서로 미리

나 자신만의 길을 가는 법을 터득할 수 있다. 작가 출신 도보여행자 베르나르 올리베에는 다음과 같은 말을 남겼다.

"내겐 아직도 만남과 새로운 얼굴 그리고 새로운 삶에 대한 고집스럽고 본능적인 욕망이 남아 있다. 나는 아직도 머나먼 초원과 얼굴에 쏟아지는 비바람과 느낌이 다른 태양 빛 아래 몸을 맡기는 것을 꿈꾼다. 세계에서 가장 오래된 이동방법인 걷기는 접촉을 가능하게 한다.

내 박물관들은 길들과 거기에 흔적을 남긴 사람들이고, 마을의 광장이며 모르는 사람들과 식탁에 자주 앉아 마시는 수프다."

가지지 못한 것, 가보지 못한 곳, 느껴보지 못한 경험에 아쉬워하고 자책하고 있다면 오늘 저녁이라도 조명을 따뜻하게 밝히고 책의 깊이를 느껴보는 것은 어떨까. 낯섦 속에서 새로움을 찾는 즐거움을 누려보기 바란다.

독서, 인생의 속도를 조절하는 내비게이터

일을 많이 하는 방법은 지금 곧 한 가지 일을 시작하는 것이다.

- 스마일즈-

특별하면서 비극적인 인생속도를 가진 그에게 수많은 선택이 기다리고 있었다. 사랑하는 사람과의 재회, 가족과의 만남과 이별, 자신이 원하는 일 사이에서 갈등했다. 선택의 결과에 항상 책임과 의무가 따르는 것은 일반 사람들과 차이는 없었다. 타인과는 다른 인생의 방향과 속도를 느끼며 살아가는 주인공의 이야기를 다룬 영화, 〈벤저빈 버튼의 시간은 거꾸로 간다〉는 우리의 인생에 시간과 관련, 생각할 거리를 던져 준다.

한 살 두 살 나이가 들수록 생물학적으로 보면, 어제의 나와 오늘의 내가 100% 일치하지 않는다. 머리카락이 빠지고 손가락에 난 생채기가 아물며 손톱이 자라나고 질병에 걸리면 세포에도 변화가 생긴다. 사람은 나이답게 늙어가는 것에 때로는 순응하면서도 다른 한편으로는 노화를 억제하기 위해 운동하고 약을 먹으며 성형수술을 받기도 한다. 이러한 노력으로나마 실제 체감속도를 늦출 수는 있겠으나 언제나 시간은 똑같이 흐르고 있다. 그렇다고 마냥 시간의 흐름에 내맡겨 되는대로 인생을 살아간다면 어떤 부작용이 생겨나지는 않을까 생각해보기도 한다.

절대적인 시간의 흐름을 막을 수는 없지만 생활 전반에서 시간의 체감속도를 늦추거나 빠르게 작용시키려는 노력은 흔하게 찾아볼 수 있다. 마케팅 전략 측면에서 보면 1층에 시계를 설치하지 않고 쇼핑에 최적화시킨 음악을 선택하는 백화점이 좋은 예다. 헬스장 내에서 운동 속도와 의지를 촉진하기 위해 울려 퍼지는 음악들이 그러하다. 운전자가 선곡한 음악의 장르에 따라서는 자동차의 속력이 줄었다 늘었다 하기를 반복한다. 빠른 박자의 음악에서는 가속페달을 밟을 가능성이 높고 느린 음악은 마음의 여유를 가져와 가속페달을 밟는 압력을 줄인다. 《하나》에서 리처드 바크는 다음처럼 말했다.

"완전한 선택의 자유, 그건 마치 한 권의 책과 같아요. 모든 사건은 하나의 단어, 하나의 문장, 끝없는 이야기의 일부지요. 모든 문자는 그 페이지 위에 영원히 남아 있어요.

'무엇을 읽을까? 그리고 무엇을 읽지 않을까?'를 결정하면서 변화하는 것은 바로 우리의 인식이에요. 전쟁에 관한 페이지로 당신이 돌아왔을 때, 당신은 절망하겠어요, 아니면 그것이 무엇을 말하고 있는지를 배우겠어요? 당신은 그 페이지를 읽으면서 죽겠어요, 아니면 다른 페이지로 계속해서 옮겨 가겠어요? 당신이 읽은 내용을 위해 더욱 더 나은 지혜를 추구하면서 말이에요."

살아가면서 시간의 속도에 순응하며 자신이 인생의 방향과 속도를 선택하는 것처럼 보이기도 하지만 조작당하고 끌려가는 인생을 살기도 한다. 이윤추구라는 최대의 목표가 있는 회사라는 조직에서 일하는 직장인이라면 정작 자신의 삶을 이끌어가지 못하는 경우가 많다. 격무에 시달리며 평일을 온전히 바친 후 돌아오는 주말에는 피곤함에 정오까지 잠을 잔다. 자고 일어나 돌이켜 보면 황금과 같은 소중한 주말인데도 이러고 있는 자신을 한탄하며 그때야 약속을 잡아보려 하지만 여의치 않다. 결국 어영부영 주말을 보내고 돌아오는 한 주에 대한 압박감과 월요병으로 걱정의 일요일 저녁을 맞이한다. 이러한 패턴에 노출된 사람일수록 점점 자신의 삶을 들여다보고 챙기는 시간이 줄어든다. 어느 일정한 순간이 돼서야 후회하고 늦게나마 자신을 챙기려 한다. 선택할 기회는 있지만 그 기회를 스스로 포기하는 경우도 있고 타의에 의해 포기를 종용당하기도 한다.

이런 점에서 볼 때 책의 힘은 사람을 이끄는 것에서 찾아볼 수 있다. 일상에 찌든 마음을 달래려면 마음을 들여다보는 시나 에세이를 읽는다. 하루 일과로 격양된 마음을 진정시키고 세상을 보는 충혈된 눈을 잠시나마 식힐 수 있는 여유를 가져다준다. 흥분하는 일이 잦아들고 마음의 정화를 느낄 수 있다. 반면에 치열하게 살아가는 이야기가 포함된 책이나 급박하게 돌아가는 정세의 정치나 경제 경영 내용을 담은 책들을 읽다 보면 '도태되지는 않을까?' 하는 걱정에 공부의 열을 올리기도 하면서 자신의 인생 태엽을 빠르게 감기 시작한다.

자신의 주관 없이 주변 상황에 휘둘려 불안한 마음에 독서한다면 그 의미는 퇴색될 수밖에 없다. 그래서 언제 무슨 책을 왜 선택할 것인지가 중요하다. 자신의 인생을 돌아봤을 때 지속적인 발전을 위한 노력이 필요한 상태인지, 한 걸음 물러나 내면의 깊이와 울림을 느껴야 할 때인지 가늠할 필요가 있다. 인생의 속도를 결정짓는 선택의 결과들은 시간이 라는 벽 뒤에 가려 명확히 보이지는 않지만 흐릿하게 가늠은 할 수 있다. 지금 내가 무엇을 추구하고 공부할 것인지, 휴식을 취해야 할 적기인지 아닌지를 말이다. 이러한 자신의 목표를 도와주고 페이스메이커의 역할을 하는 것이 바로 책이다.

우리의 결심은 작은 변화들로 이루어지고 결국 큰 변화로 이어진다. 그 작은 변화의 시작에는 선택이라는 것이 항상 따라다니면서 우리가 갈 길을 정해준다. 그 수만 갈래의 길에서 자신을 구제할 사람은 오직 자기 자신뿐이다. 그런데도 '최소한의 조언'을 해줄 힘을 가진 것이 책이고 독서다. 자신의 인생 속도를 결정하기 힘들다면 지금 책꽂이에 꽂혀있는 책에 조금이나마 의지해 보는 것은 어떨까.

불안한 미래 10년 후의 삶을 독서로 준비하는 법

재물의 빈곤은 쉽게 치유되지만 영혼의 빈곤은 결코 치유되지 않는다.

- 몽테뉴-

범죄가 일어나기 전 범죄를 예측해 범죄자를 추적하는 첨단 치안 시스템 프리크라임은 시민들의 안전을 지켜주는 범죄예방책이었다. 프리크라임 시스템은 범죄가 일어날 시간과 장소, 범행을 저지를 사람까지 예측해내고, 이를 바탕으로 프리크라임 특수경찰이 미래의 범죄자들을 체포한다. 프리크라임 팀장인 존 앤더튼톰 크루즈은 천부적인 감각으로 미래의 범죄자를 추적해내는 능력을 인정받고 있다. 하지만 어느 날 범죄자로 예측된 사람은 다름 아닌 자신이었고 이제는 도망자의 처지가 된다.

이는 영화 〈마이너리티 리포트〉의 내용이다. 그렇다면 미래를 생각하지 않고 현재에만 충실하면 될까? 아니면 미래예측은 자신에게 유익한 준비과정일까?

인생을 살아가다 보면 사람들은 직장생활, 자영업 등 현업에 치이고 일상에 안주하기 쉽다. 단지 골치 아프다는 이유로 지금 현재 자신의 입지, 상황, 처지를 외면하거나 간과하고 묻어버리곤 한다. 내가 인생을 잘 꾸려 나가고 있는지 의구심이 들면서도 그렇다고 더 나은 방향을 위한 노력을 적극적으로 하긴 쉽지 않다.

직장생활도 10년차 쯤 되어서야 불안한 마음에 앞뒤를 살피게 되기 쉽다. 다른 사람들은 어떻게 살고 있는지, 최소한 내가 잘못된 방향의 삶을 살고 있지는 않은지 궁금해진다.

인생에 정답은 없다. 자신에 맞는 답을 만들어가는 것이 그나마 정답에 가깝다. 너무나 상대적이고 개인의 만족도 또한 판이하기에 어떤 이는 빚만 없으면, 어떤 사람은 자기 명의의 집이 있어야 행복하다고 한다. 하지만 내게는 행복인 것이 타인에게는 보잘것없는 것일 수 있고, 거창한 타인의 행복이 자신에게는 보잘것없게 느껴질 수 있다. 행복의 의미는 자신의 환경, 생각, 목표에 따라 달라질 수밖에 없다. 이러한 점을 고려하더라도 최소한의 행복을 예견하고 준비해 나가는 방법은 많다.

우리는 승진 가산점을 위해 자격증을 취득하고 미래를 준비하며, 더 나은 직장으로 이직하기 위해 회사 몰래 이력서를 제출하고 결과를 기다리기도 한다. 블로그에 글을 써서 자신의 문제점을 해결하고 타인의 궁금점도 해결할 수 있다. 이 외에도 겪어보지 않은 미래를 준비하는 방법에 있어 책을 빼놓을 수 없다. 캐런 레이 비치의 《절대 회복력》을 보면 다음과 같은 구절이 있다.

"적극적 도전은 위험하다. 도전할 때마다 위험을 자초하는 것이다. 그러나 회복력이 보호한다. 회복력 기술은 위험 수준을 측정하고 문제를 예방하며 해결하는 능력을 높여준다. 정서 인식과 대인 관계 기술을 강화한다. 그리고 현재에 초점을 맞추고 인생의 의미를 찾아내는 능력도 키워준다. 인생의 행복과 성공을 결정하는 것은 우리가 겪는 슬픔과 상처, 실패와 같은 역경이 아니라 그것에 대응하는 방식이다."

이처럼 삶을 살아가는 방식, 대응하는 방식을 미리 배우는 것이 중요하다. 실제로 으깨지고 구르고 아파하며 뼈마디로 부딪혀 보는 것만이 삶에 대한 대응 방식을 깨우치는 것이 아니다. 미래가 아직 오지 않았지만, 책을 통해 인생 선배의 발자취를 느껴볼 수 있고 책을 통해 내가 가고자 하는, 목표로 삼고 싶은 롤모델의 인생을 들여다볼 수 있다.

실패담을 읽고 이유를 파악하고 내 인생에 적용해볼 수도 있다. 후회 중에서도 뼈아픈 후회가 바로 '미리 알았더라면'을 연발하는 자신이 싫어질 때이다. 20대에는 30대를, 30대는 40대를 미리 준비해야 하는 이유이기도 하다.

필자 또한 10년간 인문학, 자기계발, 경제 경영서를 포함한 업무 관련 책을 읽으며 내게 맞는 자기계발법을 깨우쳤고 글쓰기의 매력에 빠져 들었다. 그 결과 직장인들에게 전하는 직장 안팎의 메시지를 엮어 《나는 더 이상 회사에 휘둘리지 않기로 했다》를 펴낼 수 있었다. 책을 통해 직장인도 작가의 삶을 살 수 있다는 방향성을 미리 깨우쳤기에 인생의 방향을 변화시킬 수 있었다. 작가의 삶을 살고자 하는 직장인 대상으로 글쓰기, 책 쓰기 나눔 강연을 하며 글쓰기 강좌를 열고 있다.

경주마의 눈가리개는 앞만 보며 달리도록 유도하는 장치이다. 취업-직장-퇴직의 일방통행에서 살아가는 직장인도 어찌 보면 앞만 보며 달려가는 삶과 같다. 생계에 찌들어 자신을 돌아보고 주위를 돌아볼 겨를이 없다. 그러다 보니 시간이 지나고 공허한 마음에 주위를 돌아보면 놓치고 후회하는 것이 많아지는 것이다. 이러한 후회의 틈을 줄일 수 있는 것이 책이고 독서다. 자신보다 앞서간 사람들의 이야기를 곱씹고 체화하면서 자신만의 미래로 만들어 갈 수 있다.

독서법 관련 강의를 하면서 책을 읽을 시간이 없다는 수강생의 이야기를 많이 듣는다. 그런데도 항상 같은 생각, 같은 시선으로 살아가지 않기를 바라는 마음에 독서에 투자하도록 권유하고 있다. 자신이 책을 읽어야 할 이유를 모르면 독서는 지속하기 힘든 것이 사실이다. 책을 읽어야 할 이유는 정말 많다. 결국 책으로 완벽하지는 않지만 미래를 준비할 수 있다. 아직 오지 않은 미래지만 있을 법한 시행착오를 방지하는 방법을 책에서 느낄 수 있다는 것이다. 지금 책을 읽고 있는 시간이 현재로서는 아깝게 느껴질 수도 있지만, 인생을 길게 봤을 때 더 나은 방향의 삶을 조명할 힘이 된다.

피터드러커가 "미래를 예측하는 가장 훌륭한 방법은 미래를 창조하는 것이다."라고 말한 것처럼, 우리는 책을 통해 미래를 가늠할 수 있다. 현자의 사례를 보며 실패를 가늠할 수 있고 스티브 잡스의 성공사례를 눈여겨보고 벤치마킹도 하며 자신에게 가능성을 덧대어 볼 수도 있다.

20대, 30대, 40대를 살아오면서 스스로 중심을 잡고 인생을 이끌어가며 살아왔다고 자부할 수 있는가. 항상 무엇인가에 쫓기듯 살아오진 않았는지 돌아보라. 경치를 관망할 시간은 없는, 서둘러 목적지에만 내려놓고 가버리는 버스에 승차해 있던 것은 아닌가. 이제는 그 버스에 탑승하더라도 책 한 권을 들고 탑승해보는 것은 어떨까. 시행착오를 줄이고 스스로 인생을 개척할 수 있는 독서의 힘을 이제 느껴볼 차례이다.

책 한 권으로 로또에 당첨되듯 경제적인 부를 얻을 수는 없다. 독서는 시냇물 옆에 놓인 디딤돌과 같다. 없어도 시냇물을 건널 수는 있지만, 디딤돌을 괴면 물에 젖지 않고 수월하게 건널 수 있지 않은가. 책을 읽지 않는다고 해서 인생을 망치는 것도 아니고 큰일이 생기지는 않는다. 다만 자신의 처지를 한탄만 하지 않고 타개하기 위한, 더 나아지기 위한 노력을 하는 사람들에게 책은 효과적인 디딤돌이 될 수 있다.

책을 디딤돌 삼아 독서를 인생 지렛대로 활용하는 법

세 번째 독서법

변화에 지배당할 삶을 변화하는 삶으로 바꾸는 성장 독서법

유능한 자는 행동하고 무능한 자는 해설한다.

- 조지 버나드 쇼

"세상에서 책만큼 기묘한 상품도 드물다. 그것을 이해하지 못하는 사람들에 의해서 인쇄되고, 그것을 이해하지 못하는 사람들에 의해 팔리며 그것을 이해하지 못하는 사람들에 의해 검열되고 읽힌다. 게다가 그것을 이해하지 못하는 사람들에 의해 파괴된다."

매튜 배틀스의 《도서관, 그 소란스러운 역사》에서는 책이 오해에 휩싸이고 억압받고 파괴되었던 역사를 재조명하고 있다. 책의 내용과 유익함을 채 파악도 전에 책이 가지고 있는 힘에 지레 겁먹어 책을 말살하려던 사건들을 전한다.

20세기는 서로 다른 세계관들이 충돌하고 발생한 싸움으로 혼란이 가중된 시대였다. 특히 문헌 자료 훼손은 상대국의 정신력을 흐리게 하려는 목적의식으로 똘똘 뭉친 계획적 학살이었다. 극단적인 자국의 신념을 맹

신하며 자신들의 사상과 어긋나는 정신사상을 없애려 한 것이다. 이는 책의 박해이자 학살이었다. 독일의 나치가 책을 불살랐다는 이야기를 전해 듣고 프로이트는 다음과 같이 말했다. "생각을 없애려면 사람도 불태워야지." 즉, 책의 파괴는 사람을 죽이는 대학살과 같다는 의미였다. 이러한 책의 말살 정책은 역사 속에서 소위 말하는 '인간 대청소' 전후로 빈번하게 일어났다.

이렇듯 책에는 저자의, 시대의 정신이 깃들어 있다. 책의 위력은 사람을 변화시키고 집단화시킬 수도 있다. 오늘날 책의 정치적 영향력은 구시대보다 많이 줄어들었지만, 여전히 사람을 변화시키는 힘을 가지고 있다.

"강사님, 책을 많이 읽으면 정말 인생에 변화가 있나요?"

독서 관련 모임을 진행하고 독서법 강의를 하면서도 가장 많이 듣는 질문이다. 이러한 질문을 받을 때마다 입가에 미소를 머금는다. 그리고 말을 건넨다. "변할 수도 있고 변하지 않을 수도 있습니다. 어떤 책을 읽었고 어떤 방식으로 읽었는지에 따라 천차만별이지만 확실한 것은 '바뀔 여지'는 주어진다는 것입니다."

독서는 시냇물 옆에 놓인 디딤돌과 같다. 없어도 시냇물을 건널 수는 있지만 디딤돌을 괴면 물에 젖지 않고 수월하게 건널 수 있지 않은가. 책을 읽지 않는다고 해서 인생을 망치는 것도 아니고 큰일이 생기지는 않는다. 책 한 권으로 로또에 당첨되듯 경제적인 부를 얻을 수는 없다. 다만 자신의 처지를 한탄만 하지 않고 타개하기 위한, 더 나아지기 위한 노력을 하는 사람들에게 책은 효과적인 디딤돌이 될 수 있다.

우리는 먹고살기 바쁘고 불안함, 피곤함 한가운데서 살아간다. 사람들로 북새통을 이루는 전철에서 다행히 앉아가기라도 하면 안도의 한숨을 내쉰다. 이내 한숨이라도 더 자려고 눈을 감는다. 직장에서 승진 연한은 됐지만 승진시험이 기다리고 있어, 주말에도 1점의 가산점을 더 얻기 위해 자격증 취득에 매달린다. 월요일 출근 후 승진대상 명단에 없는 자신을 보며 한탄하고 자신의 미래에 대해 의구심은 커간다. 그렇지만 뉴스에 나오는 창업의 위험성과 실태를 보며 선불리 퇴사는 하지 못한다. 그냥 현실을 외면한 채 일과를 끝내고 집으로 돌아가 맥주 한 캔에 유튜브 동영상을 보며 단 한 시간만이라도 현실을 잊고자 한다.

책장에는 독서를 제대로 해보겠다는 마음으로 한 번에 구매한 여러 권의 책이 먼지를 머금은 채 자리를 잡고 있다. 마음속으로는 '현실이 불안한데 책을 읽어서 뭐하나?'라고 생각한다. 괜스레 사 놓은 책들이 쓸모없어 보이고 돈이 아깝다는 생각이 들기 시작하면 외면하고 멀리한다. 하지만 자신의 상황이 나아지고 기분이 좋아지면 '책이나 한 권 읽어볼까?'라는 마음에 서점으로 다시 발걸음을 돌리고는 한다. 파스칼 기냐르는 《떠도는 그림자들》에서 독서와 관련해 다음과 같이 말했다.

"독서는 참으로 이상한 경험입니다. 사람들이 독서를 싫어하는 것도 이해가 되지요. 독서란 한 사람이 다른 정체성 속으로 들어가 태아처럼 그 안에 자리를 잡는 행위라고 정리해 둘까요."

이 구절을 곰곰이 생각해 보면 책은 자신을 버리는 과정으로 생각할 수도 있겠다. 하지만 되짚어 보면 독서는 책 속의 이야기에 자신을 투영해 진정한 나를 찾아가는 과정이라 할 수 있다. 항상 같은 것, 익숙한 것에만 매몰되어 있다 보니 자신과 다른 것을 찾았을 때 맹목적으로 따라하고 있지는 않은지 스스로 자책하고 있을 뿐이다. 책은 다른 사람의 모양새를 가지고 자신 앞에 나타나지만 책장을 덮을 때는 자신의 이야기도 포함돼 있는 것을 발견한다. 책은 자신의 문제점을 '상대방'인 책에서 찾으려는 몇백 페이지짜리의 대화이다.

내 곁에 있는 것, 내가 옆에 두고 싶은 것, 협력하고자 하는 것, 알고 싶은 것, 깨닫게 된 것 모두가 우리 옆에 놓인 책과 연결된다. 독서를 통해 끄집어낼 것인지 담아둘 것인지 선택하기에 달려 있다. 발자크의《나귀 가죽》에는 다음과 같은 내용이 있다.

> 만일 그대가 나를 소유하면 그대는 모든 것을 소유하게 될 것이다.
> 하지만 그 대신 그대의 목숨은 나에게 달려 있게 될 것이다.
> 매번 그대가 원할 때마다 나도 줄어들고 그대의 살 날도 줄어들 것이다. 나를 가지길 원하는가? 가져라.

이러한 무서운 '나귀 가죽'을 가질 것인지 궁금하다. 어떤 책이든 자신의 삶과 동일시 할 수는 없다. 하지만 책을 통해 자신에게 맞는 정보를 걸러내는 능력을 연습할 수 있다. 책은 극단적으로 보면 비판 없이 모든 내용을 가져와서 자신의 정신세계를 무너뜨리는 과정일지도 모른다. 이는 자신의 선택이다. 책을 쓴 저자를 추앙할 필요도 없고 누가 이 책을 썼는지 종일 알아볼 필요도 없다. 단지 독서를 통해 자신이 경험하지 못했던 세계를 탐험하고 개척할 수 있음을 느껴볼 뿐이다. 책에 녹여진 다소 거칠고 큰 벌목을 용도에 따라 쪼개서 그중에 일부라도 자신의 인생에 불을 지필 난롯불 장작으로 활용해보길 권한다.

깨어있는 삶을 오롯이 느껴보는 과정, 책 읽기

발견은 준비된 사람이 맞닥뜨린 우연이다.

- 알버트 센트 디외르디

요즘 지하철을 타면 종이책이나 종이신문을 읽고 있는 사람이 거의 없고, 사람들의 손에 쥐어진 자그마한 휴대폰이 그들의 모든 시선을 한 몸에 받는다. 시대의 흐름을 탓할 수는 없지만, 자리에 앉아 책을 꺼내 보고 있는 나를 낯설게 쳐다보는 사람들의 눈빛이 느껴질 때는 왠지 모르게 서글퍼지기도 한다.

독서법을 전파하고 책 읽기를 권유하고는 있지만 그렇다고 책을 꼭 읽어야 할 의무는 없다고 생각한다. 하지만 책을 가까이하고 그 깊이를 점점 더 느껴가는 입장인지라 '책을 읽으면 깨어 있는 삶을 살아갈 수 있다'는 점은 전파하고 있다.

인간 실존의 문제를 내비친 고전, 셰익스피어의 《햄릿》. 햄릿은 아버지의 살해범을 바로 앞에 두고도 자신의 의지대로 할 수 없는 상황 속에서 인생의 고뇌를 느꼈다. 이런 상황 속에서 자연히 '이대로 살 것이냐', 아니면 '맞서 싸워 죽을 것이냐'의 선택에 휩싸여 끝없이 고민해야 했다.

우리의 인생도 안주할 것이냐, 도전할 것이냐, 무대응, 무반응으로 살아갈 것이냐 등 중요한 갈림길에서 스스로 선택하기도 하고 자신도 의식하지 못한 채 선택을 당하며 살아간다. 아침에 일어나 밥을 먹고 출근하고 퇴근해 씻고 TV 시청을 한다. 너무나 익숙해 선으로 연결된 것처럼 보이지만, 자세히 들여다보면 점과 같이 수많은 선택으로 이루어져 있다. 점과 점 사이에는 선택권이 놓여있다. 자신을 위해 선택하는 것인지 선택을 위한 선택만을 하고 살아가는지 알아채지 못할 때도 생긴다. 하지만 하루라도 헛되이 보내기 싫고 주변을 두루 살피며 조금 더 나아지려고 노력하는 삶을 지향한다면 생각해 볼 소크라테스의 명언이 있다.

"인간사에는 안정된 것이 하나도 없음을 기억하라. 그러므로 성공에 들뜨거나 역경에 지나치게 의기소침하지 마라."

항상 변화를 수용하되 그 결과치에 삶의 의미를 송두리째 뺏겨 자포자기하거나 세상을 다 얻은 듯 자만하지도 말라는 것이다. 평정심을 갖되 '살아있는 마음'을 갖는 것의 중요함을 일깨워준다.

책을 읽다 보면 자신이 몰랐던 세계에, 모르고 살아갈 뻔했던 이야기에 자극받는다. 이 자극은 그 자체로 자신을 깨우는 역할을 한다. 계속 같은 옷을 입고 다니면 겉에 때가 묻고 세탁이 필요하듯 사람의 마음과 정신도 세척이 필요하다. 몸과 정신을 수십 년 사용해야 하는데, 이러한 '깨어 있음'은 자신을 더 들여다보게 하고 앞으로 나아갈 수 있게 한다.

책 속의 문장, 구절을 읽고 끝나는 것이 아니라 그 속에 나의 현실을 투영해 보고 앞으로 무엇을 할 것인지 가늠해 보고 고민한다. 시름 앓는 고민이 아니라 발전적인 고민을 통해 방향을 찾고 에너지를 얻는다. 책을 읽으면서 스트레스를 받고 쓸데없는 고민이 생기며 에너지를 잃거나 삶의 의미를 잃어버리는 것은 드문 일이다.

앞서 언급했듯, 필자 또한 나 자신을 알아가기 위해 책을 많이 읽었다. 학창시절에는 특별나게 잘하는 것이 없고 꿈도 없었다. 사업실패, 직장생활 스트레스, 우울증으로 내가 왜 이 세상에 태어났는지조차 회의감이 드는 심각한 상황에 놓이기도 했다. 그나마 여러 분야의 책을 읽으면서 내가 생각했던 삶의 방향과 다른 삶을 사는 이야기를 듣고 사고의 시야가 넓어지면서 '이런 삶의 방향도 있구나'라고 생각했다. 삶의 정석은 없겠지만 뒤틀린 삶, 죽은 삶을 깨어있는 삶으로 만들기에 책만 한 것이 없었다. 외로움을 많이 느꼈던 내게 책은 친구이자 멘토였고 이정표였다.

"젊은 시절 나는 스스로 많은 것을 알고 있다고 생각했다. 나이를 먹어가면서 나는 모든 것을 알고 있다고 생각하기도 했다. 하지만 나이가 더 들어서는 갑자기 자신이 아무것도 모른다는 것을 깨달았다."

이는 소크라테스가 제자들에게 건넨 말이다. 결국, 사람은 끊임없이 질문하고 자신을 알아가며 현상에 대해 의구심을 가지는 존재이다. 알아갈수록 겸손해지고 겸허해진다. 반대로 무지할수록 거침은 없지만 자신도 모르게 손해 보거나 발전 없는 삶을 살아갈 여지가 있다. 자신이 모든 것을 알고 유일한 존재라며 살아가다 보면 벽에 막힌다.

책은 우리의 정신이 살아있음을 알게 해주는 도구다. 동기부여, 자극의 기쁨도 건넨다. 독서는 책을 읽는 행동이다. 이러한 물리적인 행동이 머릿속의 불안을 해소해 준다는 것은 물리적 현상이 정신적 세계에 영향을 미치는 것이다. 육체적인 공부, 정신적인 공부 둘 중 하나에 매몰되지 않는 몰입을 통해 마음의 평형 세계를 걷게 해준다. 사람은 무엇인가에 집중하고 몰입할 때 자신을 알게 되고 무엇을 좋아하는지, 가슴이 뛰는지, 다른 이들에게 무엇을 베풀 수 있을지 알게 된다. 이렇듯 독서는 깨어있는 삶을 온전히 느껴보는 과정이다.

A METHOD OF READING

독서로 알차게 준비하는 콘텐츠 크리에이터

계획이란 미래에 관한 현재의 결정이다.

- 피터 드러커

대중적인 연예인들만 바라보고 손뼉 치던 시대의 영향력이 감소하고 있다. 1990년대 가족들끼리 도란도란 모여 앉아 사자가 포효하는 영화사 로고를 보며 '주말의 명화'를 같이 보던 모습은 사라지고, 손에 들린 스마트폰으로 페이스북 라이브 영상을 시청하는 것이 일상화됐다. 대형 콘텐츠 공급자가 일방적으로 내보내는 프로그램을 시청하는 것이 아니라 대중 스스로 취사선택한다. 선택을 넘어서 콘텐츠를 생산해내고 있어 콘텐츠 공급자와 소비자 간의 경계가 허물어지고 있다. 새로운 형태의 소비 구조, 콘텐츠의 다양화, 최적화와 함께 콘텐츠 크리에이터가 주목받고 있는 것이다.

'1인 미디어'라는 단어는 이제 낯설지 않다. 온라인 시대가 열림에 따라 콘텐츠 공급자들은 라디오, TV, 신문, 잡지 등의 전통적인 매체를 탈피해 다양한 채널로 새로운 콘텐츠들을 양산해낸다. 컴퓨터의 보급과 인터넷 속도 향상에 따라 단순히 매체로부터가 아닌, 개인이 여러 콘텐츠를 생산해 낼 수 있는 환경이 만들어졌다. 일부 파워블로거가 생산한 콘텐츠는 전문마케팅 회사의 콘텐츠보다 영향력이 커지기도 했다. 결국, 연예인만큼이나 주목을 받는 개인 인플루언서가 탄생하고 있다.

앞서 언급했듯, 나 또한 저자가 된 후 자연스레 강연할 기회가 생겼고 글쓰기 강의로 이어졌다. 독서모임을 운영하다 보니 책 읽기에 궁금증이 많은 사람을 위해 독서법을 전파하기에 이르렀다. 나아가 이제는 독서로 여러 콘텐츠를 만들어 사람들과 나누고 있다. 책의 힘으로 콘텐츠 크리에이터가 된 것이다. 물론 좋은 사람들을 만났기 때문이고 꾸준한 독서의 힘이 시너지를 낸 것 같다. 이처럼 책은 단순히 읽히는 매체만이 아닌 읽음으로써 다른 생산적인 상황을 만들어내는 촉매장치도 될 수 있다. 인생에 정답은 없지만, 주말 시간만이라도 수동적인 소비자가 아닌 능동적인 콘텐츠 생산자로서 살아보길 권하는 이유이다.

얼핏 생각하면 아날로그 콘텐츠의 대표 격인 책과, 디지털 요소가 다분한 1인 미디어 간의 상관관계가 어색할 것이다. 그런데도 생각을 전환하면 콘텐츠 크리에이터가 되고자 하는 사람이 필요로 하는 정보 원천은 책이 될 수 있다. 자신이 전파하고 싶은 키워드를 정해 그 분야의 책을 섭렵한다면 콘텐츠 크리에이터가 갖춰야 할 기본 지식을 습득할 수 있다. 이것을 기본으로 자신만의 독창적인 아이디어를 덧입히면 되는 것이다. 예를 들어 건강전도사, 헬스크리에이터가 되고 싶다고 하더라도 반드시 의사나 한의사 같은 전문 분야의 직업을 가진 사람만이 가능한 것은 아니다. 책으로 충분한 양질의 공부를 한 뒤 자신이 일상에서 행하는 건강법을 더해 1인 미디어에 소개할 수도 있다. 여기서 1인 미디어는 블로그, 카페, 아프리카TV, 페이스북, 인스타그램, 카카오스토리 등을 포함한다. 처음부터 수익만을 바라고 하는 것은 바람직하지 않다. 진정성을 가지고 정보를 얻기를 바라는 사람들을 위해 자신의 시간과 노력을 투자하다 보면, 뜻하지 않은 기회에 자신의 콘텐츠에 투자하는 사람들이 나타난다.

콘텐츠를 생산하는 데 있어 개개인의 능력과는 별개로 중요한 요소는 콘텐츠를 생산해 낼 절대적인 시간이다. 시간을 들인다는 것은 곧 투자시간으로 인해 다른 활동을 누릴 기회를 잃어버릴 수 있다는 것을 뜻한다. 아무리 뛰어난 콘텐츠 동영상을 제작할 수 있는 크리에이터더라도, 그 콘텐츠를 제작하는 시간에 상응하는 대가를 얻어내지 못한다면 머지않아 경제적인 면에서 한계에 부딪힐 수 있다. 수많은 수익형 유튜버에 도전하는 사람들을 보면 알 수 있다. 수익만 바라보고 쉽게 도전했다가 원활한 수익 활동이 이루어지지 않으면 지레 포기하기 때문이다.

이런 면에서 콘텐츠 생산자가 되려는 독서가에게는 다소 겸허한 마음이 필요하다. 수익보다는 정보의 바다에서 헤매고 있는 누군가에게 도움이 되고 영향력을 끼지는 것에 우선 주안점을 두어야 한다. 필자의 경우 추리소설을 좋아해 추리소설의 역사부터 유명작가의 집필배경, 추리소설의 전개 구조를 공부하고 콘텐츠를 만들어 추리카페에 칼럼 식으로 글을 썼다. 카페 운영자들과 힘을 합쳐 추리칼럼 내용을 기반으로 '방 탈출 카페'에서 유행하는 두뇌게임 콘텐츠를 만들었고 답례로 소정의 선물과 수익을 받기도 했다. 내가 좋아서 한 일로 콘텐츠 생산자가 됐고 그에 대해 대가까지 받으니 소비자로서 살아온 느낌과는 다른 뿌듯한 기분을 느꼈다. 다음은 실질적으로 책을 통한 콘텐츠 크리에이터가 되는 방법을 간략하게 정리하였다.

먼저 자신이 전파하고 싶은 주제를 선정한다.

처음에는 좁고 깊게 주제를 선택하는 것이 콘텐츠를 가공하는 데 수월하다. 시간관리 방법을 나누고자 한다면 직장인을 위한 것인지 주부를 위한 것인지 타깃을 설정하고 최대한 세부화하도록 한다.

다음으로 관련 서적을 선별한다.

한 주제 당 최소 20권을 선별한다. 기준은 근 10년 내의 베스트셀러 혹은 주제의 뿌리를 파악할 수 있는 책을 포함한다. 예를 들어 요리라면 한식, 중식, 일식 등 주제에 따라 어떠한 흥밋거리를 제공할 수 있는지 역사 속 에피소드, 유명인물의 일화 등을 체계적으로 정리한다.

세 번째, 키워드별로 내용을 정리한다.

서적에서 발췌한 내용을 한글 프로그램이나 엑셀 프로그램을 이용해 발췌한 내용에 대한 책의 저자나 제목은 기록해 둔다. 자기 생각을 얹지 않고 그대로 책 내용을 전달할 경우에는 저작권 표시가 필수로 동반되어야 하기 때문이다.

네 번째, 자신의 콘텐츠를 결합한다.

책에서 읽은 그대로를 전달하는 것은 단순 전파자다. 콘텐츠 크리에이터가 되기 위해서는 얻은 정보에 자신이 실천하고 있는 내용을 추가하여 듣는 이가 도전해 볼 수 있도록 제안하는 역할을 겸해야 한다. 운동법을 마스터했다면 실질적으로 자신이 땀을 흘려서 새로운 헬스코칭 법을 만들어 결합할 수 있다. 자신만의 특색을 더한다면 자신의 퍼스널 브랜드 인지도를 높여 갈 수 있다.

마지막으로 1인 미디어 소통 창구를 이용한다.

가입자 수가 많은 네이버 카페의 주인장에게 쪽지를 보내 '이러이러한 칼럼을 게재하고 싶다'고 의견을 피력하면 카페지기 입장에서 단칼에 거절하는 경우는 그리 많지 않다. 카페지기 입장에서는 흥미 요소가 있는 콘텐츠가 생겨남과 동시에 회원들의 댓글 참여도가 많아지면 나쁠 이유가 전혀 없기 때문이다. 칼럼을 통해 사람들에게 정보를 제공하다 보면 자신의 입지를 구축할 수 있고 연재를 읽고자 하는 사람들이 하나둘 생겨나기 시작한다. 이때부터 정보 생산자의 뿌듯함 또한 느낄 수 있다.

콘텐츠를 소비하는 것도 좋지만 생산자의 역할도 함께 하다 보면 예기치 않은 인생의 기회를 얻을 수 있고, 나로 인해 영향을 받는 사람이 생겨나며 또 그 사람이 지식전파로 다른 이에게 영향력을 끼치게 된다. 이런 과정을 통해 다른 시각으로 세상을 바라볼 수 있다. 단순히 책을 읽는 것만으로도 물론 좋은 점이 많다. 하지만 때로는 다른 이들과 책의 내용을 공유하고 전파하면서 또 다른 기회의 장을 온전히 느껴보는 것도 색다른 즐거움으로 다가올 것이다.

책으로 퇴직준비를 끝내는 은퇴 독서법

자기의 가능성을 실현할 수 있는 인간은 행복한 사람이다.

- 로버트 레슬리

'공부에는 정년이 없다.'

사회생활을 하면서 공부에 대한 개념을 뼈저리게 느끼면서 마음속의 신조로 자리매김한 생각이다. 조금 더 현실적으로 말하면 사회생활을 하면서 '모르면 도태된다'라는 생각으로 전투적인 공부를 한 지 오랜 시간이 흘렀다. 경제서로 경제흐름을 익히고 수중에 돈이 있든 없든 부동산, 주식, 경매 공부를 병행했다. 이러한 생각이 뿌리 깊어진 이유는 미래에 대한 준비 때문이기도 했다.

직장인으로 살아가다 보면 월급이 꼬박 들어오는 현실에 안주해 '어떻게든 되겠지'라는 생각에 마음의 긴장을 놓아버릴 때가 있다. 특히 관리자 직급 언저리에서 직장생활에 정신없이 바쁘거나 익숙해졌다가도 문득 고개를 들어보면 공허함과 불안감에 사로잡힌다. '지금 상황보다 나빠

지진 않겠지' '현상유지는 하겠지' '오늘 하루를 어떻게 열심히만 보내면 어찌 되겠지'라는 안주하는 마음과 교차하기도 한다.

'어찌하다 보면 잘 되겠지'라는 마음을 가졌을 때의 위험성을 주변에서 많이 봐왔다. 회사라는 조직은 직장인에게 울타리 역할을 해주지만 영원한 울타리는 결코 아니다. 언젠가 떠난다는 것은 알고 있지만 겉으로 드러내고 싶지 않은 '참 명제'이다. 자신을 책임질 힘을 기르는 것은 자신일 수밖에 없다. 대신 그 누구도 책임지지 않는다. 이 힘을 기르는 적기는 바로 '직장에 다니는 중'이라 할 수 있다.

은퇴하는 선배들과 주변 지인들을 수없이 봐왔다. 직장인의 인생은 어떤 식으로 펼쳐지고 마무리를 짓게 되는 것일까. 직장에 10년 이상 몸을 담아봤고 지금은 사업을 꾸리며 느낀 것이 있다. 조직에 속해 있든 혼자 살아가든 온전한 자신만의 브랜드가 있어야 한다는 것이다. 쉽게 남에게 대체될 수 없는 브랜드 인지도 말이다.

'평생직장은 없다. 평생직업을 찾아라.'

이제는 너무나 흔하게 느껴지는, 창업교육 강사가 입에 달고 사는 문구다. 그럼에도 직장인이 되새겨봐야 할 멘트로 느껴지기도 한다. 대학교를 졸업하고 서른 즈음에 입사한 직장이지만 정년까지의 시간은 점점 짧아지는 추세이다. 직장인들 대상으로 책 쓰기, 글쓰기, 지식창업 관련 강의를 하고 정보를 나누다 보니 직장인 퇴직에 많은 관심을 가질 수밖에 없었다. 그래서 추천하는 것이 책을 통한 은퇴공부법이다. 은퇴공부, 퇴직준비에는 몇 가지 방법이 있다. 우선 직장인의 삶 몇 가지를 유형별로 살펴보도록 하겠다.

엘리트 발전형

입사하고 실무자를 거쳐 관리자 직급인 부장급까지 승진 후 임원까지 꿰차는 경우이다. 물론 임원도 계약직이지만 이 코스를 모두 순조롭게 거친다는 것은 쉽지 않다. 대부분 직장인이 목표로 하는 이런 과정은 임원을 지낸 후 다른 회사로 이직하거나 지금까지 섭렵한 직무로 창업하는 것이 가장 좋은 대안이라 할 수 있다.

실무자 창업형

입사하고 대리~과장급의 실무 및 관리자로 10여 년 근무한다. 그런 다음 직무 경험을 토대로 스타트업을 하는 유형이다. 연령대는 30대 중·후반이 많다. 조직 생활도 어느 정도 시스템을 익혔고 실무적인 능력이 정점에 다다랐을 때 자신의 경험으로 창업한다. 창업에는 위험성이 있기 마련이지만 자신이 풍부하게 경험을 한 직무이므로 무난한 유형이라고 할 수 있다.

퇴직금 창업형

10~15년의 회사생활을 했지만, 그동안 갈고 닦은 직무를 창업과 연결하지 못하는 경우다. 이러면 결국 자본창업을 할 수밖에 없다. 보통 퇴직금으로 프랜차이즈 창업을 경험하게 된다. 정답은 없지만, 프랜차이즈 창업의 폐점률을 볼 때 위험성은 확실히 안고 가야 하는 유형이라고 볼 수 있다.

간략하게 세 가지 정도로 직장인의 퇴직 전후 삶을 비교해 봤지만, 절대적인 정답은 없다. 임원직을 얻기 위해 회사생활을 열심히 하는 것도, 실무능력을 살려 창업하는 것도 퇴직금 자본으로 오프라인 창업을 하는 것 모두 쉽지 않은 길이고 결과는 상황에 따라 다를 수 있다. 그렇다면 바로 실행할 수 있고 부담이 적은 제4의 유형을 추가한다면 어떤 것일까?

제4의 유형은 직장에 다니면서 자신의 브랜드 인지도를 키우는 것이다. 근무 시간에는 최대한 집중해 자신의 직무능력을 개발하고 주말, 자투리 시간을 활용해 공부한다. 직장생활에도 도움이 되고 미래 준비가 되므로 불안감을 떨쳐 낼 수 있다.

이런 유형의 중심에는 책이 있다. 바쁜 평일 저녁 직장 업무를 끝내고 세미나를 갈 수도 없고, 학원에 가기도 마땅치 않다. 자신이 공부하고자 하는 분야의 책을 목록으로 작성해 월 단위, 주 단위로 할당량을 나눠 집이나 도서관에서 은퇴 준비를 위한 공부를 이어가는 것이다.

앞서 말했듯 필자는 월 단위로 공부를 달리했다. 1월에 집중적으로 경매를 공부했다면, 2월은 주식을 공부한다. 그리고 1월에 공부한 경매를 2월에 실행에 옮긴다. 2월에 공부한 주식은 3월에 실행에 옮긴다. 달별로 교차하여 과목을 달리하고 이론과 실행을 함께 공유한다. 단지 책으로 이론을 암기하듯 공부하는 것이 아니라 직접 발로 뛰고 공부하며 체득하고 결과를 남긴다. 이러한 공부를 수년간 해오면서 느낀 것은 퇴직준비는 은퇴할 나이가 되어 부랴부랴 하는 것이 아니라 현직에 있을 때, 직장이라는 튼튼한 울타리가 있을 때 동시에 해 나가야 한다는 것이었다.

퇴직할 때 이미 자신의 업을 이어나갈 준비가 끝나 있어야 한다. 퇴직 후에도 30년을 살아가야 하는데 허둥지둥 제2의 삶을 그때야 찾기 시작한다면 늦을 수밖에 없다. 물론 직장생활에 소홀하지 않으면서도 휴식시간을 할애해 책으로 은퇴준비를 한다는 것이 쉽지는 않다. 하지만 퇴직하고 나서는 더 쉽지 않다.

실례로 주말에 진행하는 글쓰기 강의에는 나이 지긋하신 분들과 나이 어린 직장인들이 모두 참여한다. 나이 지긋한 직장인들은 일찍 더 준비했더라면 하는 아쉬움을 갖고 젊은 직장인들은 지금 깨달아서 다행이라고들 말한다.

치킨 한 마리 값 남짓한 비용이면 살 수 있는 책이지만 그 효용 가치는 확연히 다르다. 하루 이틀 즈음 공부하고 포기하고 다시 시작하기를 반복하고 있다면 3개월을 꾹 참고 도전해보는 것이 임계점을 넘는 방법이 될 수 있다. 지금 책장에 어떤 책들이 놓여있는지 둘러보라. 자신이 퇴직하고 제2의 업으로 삼고 싶은 대상과 롤 모델을 미리 정하고 그것들과 관련한 책들로 채운 다음 한 권씩 마스터 해보는 즐거움도 느껴보라.

A METHOD OF READING

글쓰기가 한결 쉬워지는 포인트 독서법

어떻게 말할까 하고 괴로울 때는 진실을 말하라.

- 마크 트웨인

시대가 변하며 프로슈머의 등장은 신권력의 탄생을 의미했다. 총을 가진 자만이 권력을 가진 것이 아니었고 글쓰기에도 예외는 없는 듯하다. 주제에 제한받지 않고 인터넷이라는 공간에서 장소의 제한도 줄어들며 트위터, 블로그, 페이스북, 카카오스토리 등은 신권력의 요충지가 되었다. 신권력, 프로슈머는 생산Produce과 소비Consume의 줄임말로 생산자와 소비자의 역할을 동시에 하는 사람을 일컫는다. 그렇다면 생산과 소비를 함께 한다는 의미는 무엇일까?

정보를 받아들이는 입력에서 벗어나 출력성과을 해내는 일반인들이 많아지고 있다. 뉴스를 보고 고개만 끄덕이는 것이 아니라 자기 생각을 다른 사람들과 공유한다. 여기에 이미지, 글, 동영상은 익숙한 도구가 되었다. 이렇게 전달된 표현 도구들은 단순히 상대방에게 안착하는 것이 아니라 피드백이 되어 돌아온다. 이야깃거리가 풍부해지는데, 이것은 확산력이 향상되고 기존 매체에 영향을 끼치기도 한다. 이러한 표현 도구 중 아날로그 시대를 뛰어넘어 디지털 시대에도 굳건히 자리를 지키고 있는 것이 바로 글쓰기이다.

독서를 많이 하면 글도 잘 쓸 수 있을까? 글을 잘 쓰기 위해서 50권, 100권을 우선 읽어야 할까? 독서에 재미를 붙인 사람들과 독서가들 사이에서 흔히 할 수 있는 생각이다. 그렇다면 글쓰기를 위한 독서는 어떻게 다가가야 할까?

우선 아날로그 글쓰기와 요즘 흔히 말하는 디지털 글쓰기의 변화에 주목할 필요가 있다. 아날로그 글쓰기에는 한정적인 의미가 포함돼 있었다. 제한된 장소에서 한정된 글쓰기 도구를 가진 소수 엘리트 집단이 매체를 통해 의견을 표출하고 기고하는 형태가 많았다.

"강사님, 어떻게 글을 잘 쓸 수 있을까요?"

글쓰기 강의를 진행할 때 받는 전형적인 질문 중 하나이다. 질문받을 때마다 답하면서도 자신도 곰곰이 생각해본다. 사실 하루라도 글쓰기를 하지 않는 사람은 없다. 휴대폰으로 문자를 보내고 메일을 쓰거나 페이스북 친구에게 댓글을 남기지 않는가. 인식하지 못하고 있을 뿐 은연 중 글쓰기는 일상과 밀접해 있다.

그럼 어떻게 해야 잘 쓰는 것일까? 사실 글이라는 것은 보편적이면서도 굉장히 상대적이다. 누군가는 짧고 담백한 글을 좋아하고 혹자는 여운과 함축적인 은유가 다분한 글에 매력을 느낀다. 글은 누군가에게 읽히느냐에 따라 생명력을 달리하게 된다. 그래서 문학작품의 문체와 실용서, 교과서, 자기계발서의 문체에 차이가 난다. 이러한 차이는 어떠한 책을 읽고 어떻게 글쓰기와 접목할 것인지와 밀접한 관련이 있다. 결국, 글을 쓰기 위한 책 읽기 방법과 연결된다. 읽는 힘에서 쓰는 힘이 나오기 마련이기 때문이다. 독서에서 글쓰기로 넘어가는 단계에서 좌절하는 이들이 있다면 다음 내용을 참고해보자.

첫 번째, 제목과 소제목에 시선 집중하기

모든 책에 쓰여 있는 제목과 소제목은 글의 본문 내용을 압축하고 있다. 제목과 소제목을 관찰하고 나서 그 의미를 생각하며 본문을 읽어보면 서로 간의 연결성을 알 수 있다. 본문의 내용을 제목으로 압축하는 법을 자연스럽게 배우게 된다. 글쓰기에 있어 제목과 소제목을 정하는 것은 본문 쓰기 보다 더 어렵고 중요한 부분이다. 책을 읽을 때 제목이 의미하는 바를 본문에서 잘 전달하고 있는지를 생각하며 읽는 것이 제목과 소제목을 잘 지을 수 있는 기본이 된다.

두 번째, 문장부호를 꼼꼼히 살피기

글을 쓸 때 난감한 경우는 문장 부호를 적재적소에 잘 사용하고 있는지 잘 모를 때이다. 문장 부호를 접하는 최적의 교과서는 결국 책이다. 이를 위해서는 국어 문법책을 읽으며 암기하는 것이 아니라 책 본문에서 살아 있는 문장부호를 살피면서 조목조목 살펴보는 것이 효과적이다. 쉼표, 마침표, 느낌표, 따옴표, 괄호의 궤적을 따라 어떠한 상황에 쓰이고 있는지 눈여겨보면 좋다.

세 번째, 묘사하는 방법을 찾아내기

책을 읽다 보면 상황이나 인물에 대해 표현하는 구절이 나오기 마련이다. 이러한 묘사 방법을 구체적으로 파악하며 읽다 보면 자신이 글을 쓸 때 상황을 나타내는 능력이 한층 발전됨을 느낄 수 있다. 특히 문학작품에서 이러한 상황묘사를 많이 찾아볼 수 있다. 작가가 자기 생각을 표현한 부분을 집중적으로 살펴보다 보면 단순히 글을 쓰기 위한 묘사가 아니라 자기 생각을 어디에든 풀어내는 연습을 하는 것과 같다.

네 번째, 주제를 뒷받침하는 근거 찾기

비문학 작품에서 글의 핵심 주제문장을 찾고 근거 및 사례들을 연관 지어 살펴보는 것이다. 글에는 골격이 있다. 문장과 뒷받침 문장으로 문단이 구성된다. 지도에 축적이 있듯이 책의 축소판은 문단이라고 보면 된다. 한 문단에 녹아 있는 주제문과 사례, 근거들의 배치를 눈여겨보면 한 문단을 쓸 수 있는 능력도 생긴다. 한 문단을 썼다는 것은 여러 문단을 구성하기만 한다면 결국 한 권의 책도 쓸 수 있게 된다.

다섯 번째, 마음에 드는 문장을 메모하기

표현이 마음에 드는 문장을 메모하고 글을 쓸 때 본문에 적절히 인용하면 좋은 사례가 된다. 여러 문장을 적어 놓기 시작하면 좋은 문장의 구조가 눈에 익숙해진다. 매번 모든 글을 창조할 수는 없다. 자신이 쓴 좋은 글도 결국 누군가에게 자양분이 될 수 있음을 생각해 보면 이 세상의 모든 글은 서로 어울리면서 누군가에 의해 매만져지는 과정을 거친다.

여섯 번째, 맞춤법을 눈에 익히기

가장 기본적인 사항이면서도 틀릴 경우 글을 쓴 사람의 이미지를 좋지 않게 할 수 있는 요소로도 작용한다. 맞춤법은 책을 읽으며 눈여겨보는 것이 가장 빠르다. 따로 맞춤법을 공부할 필요는 없다. 맞춤법은 반복 학습이 중요하므로 본문을 읽어나갈 때 의식적으로 취약한 맞춤법 부분을 보면서 읽어나가면 점점 익숙해진다. 글을 쓸 때 기본 중의 기본이지만 전체 글의 이미지에 타격을 줄 수 있는 것이 맞춤법이므로 간과하지 않는 것이 좋다.

작가가 되기 위한 글쓰기 훈련도 좋고 자신의 일기를 꾸준히 쓰는 것도 도움이 된다. 처음에는 누군가에게 보이기 위한 글쓰기보다 자신의 내면을 다스릴 수 있는 글쓰기에 도전해보는 것이 좋다.

독서에 오랜 기간 심취하다 보면 글쓰기에 대한 욕구로 자연스레 이어진다. 책 읽기를 통해 충분한 입력인풋이 이루어졌다면 출력아웃풋을 낼 필요도 있다. 글쓰기로 감정과 지식을 풀어내고 공유하다 보면 다시금 지식의 충전이 필요하기 때문에 다시 책 읽기에 몰입하는 힘이 생기는 선순환이 이루어진다. 이렇듯 독서와 글쓰기는 떼려야 뗄 수 없는 관계다.

잃어버린 나의 꿈, 목표를 찾는 워너비 독서법

이 사악한 세상에서 영원한 것은 없다. 우리가 겪는 어려움조차도.
- 찰리 채플린

직장인들이 인정하기 싫으면서도 뛰어넘기 힘든 것이 있다. 정체되는 자신을 바라볼 때다. 지금까지 해왔던 관성에 의해 계속 같은 노력을 하고, 같은 것만을 얻고 있는 경우이다. 같은 결과물에 불만이 없다면 그나마 다행이지만, 이러한 패턴에 불안해하면서도 정작 목표를 세워 실행하기는 어려워한다. 은연중 지금의 안주하고 있는 편한 생활을 버리기 싫기 때문이다. 늦은 저녁, 잠을 청하기 전에는 내일부터 열심히 살겠다는 마음을 가지지만, 아침만 되면 일상에 치여 꿈을 포기하는 패턴에 서서히 지치게 된다.

필자는 꾸준히 책을 읽으면서 5년 후, 10년 후 같은 중기 목표와 생애 목표를 정했다. 뜬구름 잡는 식의 목표라기보다 삶을 마감할 즈음 후회할 것으로 예상되는 것들을 목표로 했다. 그중에 글을 쓰는 작가로 평생 살겠다는 마음가짐이 있었다. 그렇다고 일사천리로 글을 쓰는 사람이 된 것은 아니었다. 다만 목표에 대한 확고한 의지와 방향 설정이 중요했음은 확실하다. '사람이 굳게 마음을 먹었는데도 그 목표를 향해 전진하기 어려운 이유는 무엇일까?'에 대해 고민을 많이 했다. 목표를 세워도 실현하기 어려운 이유는 그 방법을 도대체 찾을 길이 없다고 느껴질 때가 아닐까 싶다.

'우물쭈물하다가 내 이럴 줄 알았지.'

미국의 극작가 버나드 쇼의 묘비에 쓰인 문구이다. 목표 없이, 꿈이 없이, 되는 대로, 여기저기 기웃거리고 휘둘리며 '어떻게든 되겠지'라는 마음으로 사는 사람들에게 일침을 가한다. 어렸을 적 이 문구를 접했을 때는 희화화 요소가 다분하고 농담조의 의미로만 들렸었다. 하지만 직장생활, 사업, 강사 등 여러 경험을 하면서 이 글귀에 대해 다시 생각하게 됐다. 버나드 쇼는 마지막 가는 순간까지도 자신의 삶에 애착이 강했다는 것을 알 수 있다. 겉으로 보기에 후회 없이 열심히 살았던 사람도 스스로 느끼기에는 아쉬움이 많았던 것 같다.

책을 읽는 사람들은 엄밀히 말하면 '문제가 있는 사람들'이다. 해결책 없이 막무가내로 의문점만 던진다거나 어떤 분야에 결격사유가 있다는 의미가 아니다. 자신을 더 발전시키려는 의지를 가진 사람들을 말한다. 자신의 능력을 낮추기 위해 혹은 타락하기 위해 책을 읽지는 않는다. 누군가 구원해줄 요량은 있어도 다른 이를 곤경에 빠뜨리려고 독서하지는 않는다. 더 구체적으로 말하면 책을 읽는 사람은 '문제의식이 있는 사람'이다. 결핍감을 책으로 보전하거나 자신을 둘러싼 세계에서 해결하지 못하는 지식에 대한 답을 책에서 찾곤 한다. 독서는 누군가에게는 살아가는 힘이 되고 목표를 추진할 수 있게 하는 자양분의 역할을 한다.

사람들은 보통 계획은 잘 세운다. 하지만 언제까지 무엇을 하겠다는 구체적인 목표 세우기는 보류한다. 계획의 끝에는 '언젠가 되겠지'라는 마음이 자리 잡고 있다. 사람들은 목표 세우기를 두려워한다. 꿈을 갖는 것에 인색하다고 할 수 있다. 꿈을 갖는다는 것은 오히려 불안감과 마주하는 것이라 여기며 지레 겁을 먹는다. 두려움은 무언가 잃거나 노력을 해도 얻지 못할 것에 대한 반작용이다. 목표를 세우지 않는 이유는 현재 상황이 절박하지 않거나 조금이라도 만족감을 주고 있기 때문이다. 목표를 세움으로써 실행해야 하는, 눈앞에 나타나는 부담이 싫은 것이다. 목표를 세웠다가 순간적인 쾌락, 유혹에 넘어가는 자신을 보기 싫고 목표지점에 도달하지 못해 자존심이 구겨질 것을 우려하기 때문이다.

케이블 채널에서 방영한 〈잡스〉라는 프로그램이 있었다. 박명수, 노홍철, 전현무로 구성된 세 명의 MC가 한 주마다 새로운 직업군을 소개하며 실제 그 직업을 가진 이들을 스튜디오에 초대해 이야기를 나누는 형식이었다. 그 직업에 대한 선입견, 연봉, 뒷이야기 등 쉽게 접하지 못하는 비하인드 스토리로 풀어갔다. 그중 전현무 MC가 했던 말이 가슴에 와 닿았다.

아나운서가 꿈이었던 시절, 마음만은 굴뚝같은데 도저히 어떻게 꿈을 실현해야 할지 방법을 몰라 헤맸다는 이야기였다. 그래서 〈잡스〉 프로그램 취지와 함께 '꿈은 있지만, 방법을 모르는 이들을 위해 직업인들로부터 많은 이야기를 끌어내겠다'는 포부를 밝혔다.

책은 꿈을 가진 사람들이 목표를 이룰 수 있도록 돕는 가교 역할을 한다. 자신이 가고자 하는 꿈을 이미 이룬 이들의 발자취를 들여다볼 수 있기 때문이다. 물론 실생활에서 자신을 이끌어줄 멘토가 있다면 금상첨화다.

상황이 여의치 않다면 책은 자신의 멘토가 되기에 충분하다. 내가 저자가 되는 데 필요했던 것은 '저자 마인드'였다. 글을 쓰는 사람들의 마음가짐을 들여다보고 싶었다. 유명 저자들의 책부터 알려지지 않은 책을 쓴 저자까지 많은 책을 읽고 내 것으로 만들고자 했고 저자가 됐다는 마음가짐으로 살았다. 내 책이 서점에 진열될 것이라는 확신을 하고 글쓰기를 꾸준히 했다. 기존 글쓰기 책에 녹여진 방법들을 나한테 맞도록 적용하는 연습을 하루에 2시간 반 이상 지속했다. 만약 책의 '가르쳐 주는 힘'이 없었다면 혼자 해내기 쉽지 않았을 것이다.

꿈이 있는 사람은 책에 몰입하기가 쉽다. 명확한 목표를 구체화할 방법을 찾아 나서기 때문이다. 설령 꿈이 없어도 책을 통해 찾아내려고 하다 보면, 꾸준히 찾다 보면 책이라는 활자를 통해, 창문 밖의 다른 세계를 발견할 수 있으며 자신의 머릿속에 꿈을 선명하게 그려준다. 이처럼 책은 꿈을 찾게 하고 이루게 하는 멋진 매개체가 되어준다.

책을 읽는 사람들은 엄밀히 말하면 '문제가 있는 사람들'이다. 해결책 없이 막무가내로 의문점만 던진다거나 어떤 분야에 결격사유가 있다는 의미가 아니다. 자신을 더 발전시키려는 의지를 가진 사람들을 말한다.

책은 여러 비전, 꿈, 해결책을 담고 있다. 책을 펼치는 순간, 읽는 순간 이 보물들은 내 것으로 만들 수 있는 여지가 많다. 선택의 문제다. 이 보물들을 들고 문밖으로 나아갈 수 있는지에 달려 있다.

쉼과 성장을 모두 가능하게 하는 아웃풋 독서법

네 번째 독서법

일과 휴식, 효율과 성장을 추구하는 밸런스 독서

과거에서 교훈을 얻을 수는 있어도 과거 속에 살 수는 없다.

- 린든 B. 존슨

이 세상에 변하지 않고 영원히 존재할 수 있는 것이 있을까? 오늘 구매한 새 책도 세월이 흐르면 색이 바래는 외면의 변화를 겪는다. 원하던 꿈이 바뀌기도 한다. 이는 가치의 변화다. 주머니에 있던 돈을 쓴다. 경제적, 물질적 변화다. 우리는 항상 변화의 중간에서, 혹은 언저리에서 인지하듯 못했든, 좋든 싫든 변화를 겪는다. 단 한 순간도 모든 것이 한 번에 멈추는 경우는 없다. 변화 당하거나 변화할 뿐이다. 변화에 능동적이라면 발맞춰 나가는 것이고 변화에 적응하지 못해 생각지 못한 고통을 겪기도 한다. 이러한 변화에 잘 대응하기 위해서는 삶의 균형을 잘 유지해야 한다.

삶의 균형은 특히 직장인들에게 영원한 숙제나 다름없다. 완벽한 균형을 이루는 것이 가능할지도 의문이다. 일과 쉼 그리고 성장을 위한 준비의 균형을 어떻게 이루어 나갈지가 항상 관심사일 수밖에 없다. 일상이라는 것은 참 소중하다. 큰 병을 앓다가 완치되면 살아있는 자체에 감사해하고 자동차 사고를 당한 사람은 차만 찌그러진 것에 식은땀을 흘리며 감사함을 느낀다. 요즘같이 살기 팍팍한 세상, 크고 작은 사고가 도사리는 세상에서 거창한 삶이 아니더라도, 이러한 일상의 소중함을 느낄 수 있는지에 따라 행복감이 교차한다.

사람에게 삶의 균형은 어찌 보면 인생 내내 추구해야 할 숙명과도 같다. 직장과 가정, 이 두 가지 대립점에서 항상 갈등하고 분위기를 전환하려 노력하며 안정을 찾으면 그제야 안도의 한숨을 내쉰다. 사람들이 추구하는 가치에 따라 다르겠지만 어느 한쪽으로 쏠린 삶은 언제든지 문제가 생길 수 있음을 느끼며 살아간다.

바빠 죽겠는데 언제 책을 읽으라는 소리인지 모르겠다는 볼멘 목소리가 나올만하다. 그래서 더욱더 많은 책을 읽어야 삶이 변화한다고는 말하고 싶지 않다. 단지 제시한 여러 독서 방법 중에서 자신에 맞는 방법을 취사선택하고, 책이 던지는 의미를 다시금 되새겨보기를 바랄 뿐이다.

독서도 삶의 균형에 보탬이 되고 독서 자체로도 균형의 미를 살려야 한다. 일과 삶 사이의 윤활유 역할을 해야 하는 것이 독서다. 직장생활은 소홀히 하면서 퇴근 후, 세상과 담을 쌓겠다며 책 100권을 읽는다 한들 삶의 균형을 놓쳐 버리면, 자신에게 윤활유가 아닌 독이 될 수밖에 없다.

직장인에게 있어 독서란 일을 대체하는 수단이 아니다. 마음의 휴식처가 될 수는 있지만, 업무를 등한시하고 안도감을 느끼는 도피처로서의 역할만 한다면 생산적인 의미가 퇴색될 뿐이다.

삶의 균형 속에 녹아드는 독서가 중요하다. 녹아들되 실천이라는 강력한 의지를 첨가해야 한다. 요리책만 보고 입맛을 다시기보다는 레시피를 확인하고 직접 해보는 것이 더 좋은 것처럼 말이다.

창가에 서서 생각만 하고 현관 너머의 풍경을 느껴보지 못한다면 갑자기 문이 열렸을 때 보이는 바깥 세계에 당혹스러움을 느낀다. 발을 내디뎌야 할지 방 안에서 물끄러미 창밖을 바라봐야 할지 끝없이 망설인다. 수시로 바깥세계와 내면의 세계를 넘나드는 연습을 게을리했기 때문이다.

독서의 의미를 책 속에서만 찾는 것은 무리가 있다. 책을 읽고 실천하며 성장하는 자신의 모습에서 찾아야 한다. 일상에 부대끼면서도 삶의 균형을 이루려는 발버둥 속에서, 현장을 넘나들며 독서의 의미를 찾아야 한다. 바깥 세계의 현장감을 느끼며 인풋과 아웃풋의 경계에서 살아가는 것이 이롭다.

나는 책을 읽으면 자신의 것으로 체화하고 싶은 내용을 '적용 노트'에 옮겨 적는다. 적용 노트는 그 자체로 인생의 소소한 목표가 된다. 가슴 뛰는 목표라면 버킷리스트에 옮겨 놓는다. 이렇게 옮겨질 때 책 속의 단순 활자는 생명력을 얻는다. 당장 이루지 못할지라도 거듭되는 실천을 통해 버킷리스트 속의 완료 표시로 남게 된다. 저자가 되기 위해, 강사가 되기 위해, 나만의 사업을 꾸리기 위해 관련 책들을 보고 나에게 맞는 법을 적어나갔고 실천방법을 터득했다. 여러모로 부족했지만 이미 하고자 하는 꿈을 이뤘다는 마음가짐으로 살았다.

책 속의 좋은 문장을 옮겨 적으며 나만의 문장, 문체를 가다듬었다. 직장에 다니면서 틈틈이 목표를 실천에 옮겼고 생각만 하던 세계가 눈앞에 펼쳐졌다. 책을 읽기만 하고 아무 미련이나 목표 없이 표지를 덮는다면 기억에 쌓인 작은 정보밖에 되지 않는다. 책은 여러 비전, 꿈, 해결책을 담고 있다. 책을 펼치는 순간, 읽는 순간 이 보물들은 내 것으로 만들 수 있는 여지가 많다. 이 보물들을 들고 문밖으로 나아갈 수 있는지는 선택의 문제이다.

창문은 마음이 차분히 가라앉는 통찰의 세계라면, 문은 실제로 열리는 시작이다. 창가에서 여유롭게 사색하며 책을 읽는 것도 힐링 자체이고 득이 있다. 이와 함께 철학과 실천을 함께 누리려면 문을 열고 걸어 나가야 한다. 그때 독서의 균형이, 삶의 균형이 맞춰진다.

알려주며 성장하는 SNS 북코치 되는 법

만족은 결과가 아니라 과정에서 온다.

- 제임스 딘

지금이야 제일 좋아하는 장소 중 한 곳이 되었지만, 서점에 가기 싫었던 시절이 있었다. 책에 빠져들기 전 서점은 내게 불편한 곳이었다. 약속장소 주변에 서점이 있으면 시간도 때울 겸 무심코 서점에 들어가고는 했지만 그곳에서 펼쳐진 광경, 특히 신년 즈음에 서점에서 벌어지는 광경은 나를 움츠러들게 했다. 많은 사람이 책에 집중하고 무언가 끊임없이 생각하고 찾아보는 모습을 보면 불안감이 엄습했고 나만 뒤처지고 있다는 생각이 들었다.

그 당시 그저 하루하루 연명하는 느낌으로 살고 있었기 때문이다. 누군가에게 조종당하듯 주어진 일에만 기계처럼 집중했다. 내 인생의 설계도를 스스로 쥐지 못하고 정해진 일방통행로에서 직진만 하고 있었다. 하지만 책의 힘을 느끼고 독서에 빠져들면서 책은 내 삶에 자연스럽게 녹아들었다. 꿈이 생기고 희망이 보였다. 그때부터 내 손으로 내 힘으로 인생을 채워나가는 느낌이 들었다.

나의 변화를 지켜본 주위 사람들은 어떻게, 언제 그렇게 많은 책을 읽었는 지, 책을 쓰는 방법은 무엇인지 궁금해했다. 이러한 질문들을 받을수록 많은 것을 알려주고 공유하고 싶어졌다. '왜 책 읽기를 부담스러워 할까?' '정말 읽을 시간이 없는 걸까?' '책과 가까워지고 싶은데도 무슨 이유로 힘들어 하는 걸까?' 스스로 답을 내기 위해 직장인들과 많이 만났다. 직장인 대상으로 책과 독서에 관한 궁금증을 풀기 위해 독서법 1일 워크숍을 열고 책 쓰기 1일 수업을 진행했다. 현재는 지식창업 강의와 접목해 평범한 직장인들과 100세 시대를 맞이하는 방법을 나누고 있다. 1인 1 직업으로 평생 살아가기 힘든 세상의 변화에 맞추기 위한 발걸음이다.

직접 만나면서 느낀 점은 역시나 직장인들의 현실이 팍팍하다는 것이었다. 야근, 특근에 지쳐 집에 들어오면 자신에게 투자할 시간이 절대적으로 부족했다. 또 다른 이유는 무엇을 읽어야 할지 모르겠다는 것이었다. 엄밀히 말하면 '무엇부터' 읽어야 할지였다.

이런 점에 착안해 실행에 옮긴 것이 있다. 불특정 다수의 독서 인구를 위해 '북코치'가 되기로 마음먹었다. SNS에 내가 읽은 책들에 대한 리뷰를 쓰고 느낀 점을 공유했다. 수많은 책의 언저리에서 헤매고 있는 이들의 시간을 단축해주고 싶었다. 누가 시켜서 한 일도 아니고 수입이 생기는 일도 아니었지만 뿌듯했다. 나 자신도 책에 대한 애착이 생겼고 객관적인 입장에서 책을 리뷰하게 되어 새로운 시각도 생겼다. 지식을 나누고 다른 사람을 시간도 단축해 줄 수 있었다. SNS 북코치를 자처하며 보낸 시간을 되새겨 보면 얻은 것들이 많다.

첫 번째, 책을 분석적으로 읽게 된다.

이 책이 어떤 메시지를 던지는 것인지 요약할 수 있어야 하므로 전체적인 맥락을 그려보고 그 안의 핵심 메시지를 추려낼 수 있어야 했다. 내가 남긴 리뷰로 책을 선택하는 중·고등학생들도 있어 책임감이 들다 보니 더 신중히 생각하며 읽어 내려갈 수밖에 없었다. 저자에 대한 비하인드 스토리를 녹여 흥미를 더하기도 했다.

두 번째, 책을 두세 번 읽은 효과가 생긴다.

내가 읽은 내용을 누군가에게 전달하다 보니 책에 대한 잔상이 남고 피드백을 통해 다시 한번 새기는 과정이 반복된다. 독서는 누적 효과가 나타나기 쉽다. 좋은 메시지는 몇 번이나 되새기며 마음과 머리를 적신다. 나눔이 곧 내 지식이 된다.

세 번째, 책을 좋아하는 사람과의 유대감이 생긴다.

독서 인구가 적기 때문에 책이라는 매개체로 서로 교감할 수 있다는 것은 어떤 관계보다도 돈독해질 수 있다. 같은 생각, 때로는 다른 시야를 가진 사람들과 피드백을 나누다 보면 점점 더 발전하고 시야가 넓어지며 성장할 수 있음을 느낄 수 있다.

그럼, SNS 북코치가 되고자 하는 사람이 있다면 어떻게 준비하면 될까?

먼저 SNS 계정을 만든다.

인스타그램, 블로그, 페이스북 등 SNS 계정을 만들고 그룹을 형성한다. 자신의 프로필에 독서와 관련한 내용을 기재하고 비슷한 관심사를 가진 사람들과 친구를 맺는다. 많은 리뷰를 올리다 보면 친구를 맺는 사람들이 늘어난다.

그런 다음 리뷰 목록 계획표를 공개한다.

자신이 리뷰할 책을 분야별로 나누고 일자를 공개한다. 이 공개 행위는 책을 읽게 하는 동력이 되기도 한다. 경제경영, 마케팅, 역사 등 분야별로 쪼개진 목록별로 책을 읽고 리뷰를 준비하다 보면 전문적인 지식 또한 얻을 수 있다.

다음으로 리뷰 스토리를 만든다.

단순히 책의 내용을 전달하는 것이 아닌 자신만의 생각과 스토리를 입혀 추가적인 이야기를 덧댄다. 그리고 상대방이 생각할 기회를 만들어주고 이러한 시각에서도 바라볼 수 있다는 것을 알려준다. 《국가란 무엇인가》를 읽었다면 '국가'에 대한 역사 속 이야기라든지 현대에서의 의미를 재해석하는 주석 등을 덧붙이는 것이다.

마지막으로 피드백을 살핀다.

책에 대한 관점은 절대적일 수 없으므로 다른 사람들의 피드백을 살피고 이해하도록 노력한다. 나만의 관점에서 벗어나 어떠한 이야기들을 하고 싶은 건지 살피다 보면 생각의 틀을 깰 수 있고 다음 책을 읽어 내려갈 때 참고할 수 있다.

지식과 배움은 나눈다고 해서 줄어들지 않는다. 또 다른 지식체험을 갈구하는 힘이 된다. 피드백을 통한 교감이 책 읽기의 도화선에 불을 지핀다. 시간이 허락하지 않는다면 비정기적으로라도 자기 생각을 정리하고 다른 사람들과 나눌 기회를 가져보길 바란다. 지식의 나눔을 자신의 성장을 도모하는 계기로 삼는 것, 이는 생산적인 독서의 한 가지 방법이다.

A METHOD OF READING

독서모임으로 추구하는 커뮤니케이션 독서법

불가능해 보이는 것은 불확실한 가능성보다 항상 더 낫다.

- 아리스토텔레스

"읽어도 또 읽어도 남는 게 없는 것 같아요."

독서 모임에서 만난 직장인 지인의 익숙한 푸념이었다. 많은 이들이 읽는 것에 대한 의미를 되짚어볼 필요가 있음을 되묻곤 한다. '읽는다'는 것은 자신의 것으로 체화시키고 경험으로 만드는 방법이 있고, 단순히 읽고 지나치는 체험으로 잔류시키기도 한다. 경험은 목적의식이 있다. 이 책을 통해서 무엇을 실천할 것인가 생각하는 힘을 가지게 한다. 간접경험이 실제경험으로 확장될 수 있다. 체험은 겉핥기식 관계 맺기에 급급한 모양새가 되기 쉽다. 대충 훑어보고 넘어가고, 한 번에 여러 가지 일을 빠르고 대략 행하는 멀티태스킹에 익숙한 우리들의 모습은 단순 체험에 익숙해지기 쉽다.

직장생활을 10년 이상 한 관리자급 직장인들을 만날 기회가 많다. 이들이 공통으로 이야기하는 것 중의 하나는 바로 '점점 생각하는 힘을 잃어가고 있다'는 것이다. 생각하는 힘이란 무엇일까. 자신을 둘러싼 현상에 대해 결정권, 책임감을 느끼고 창의적인 생각으로 결론을 도출하는 것이다. 생각하는 힘도 습관화되어야 창의성이 쌓이기 마련이다. 창의적인 일을 하는 사람은 더욱 창의성이 쌓여가지만, 주어진 일만 반복하는 사람은 생각하는 힘이 무뎌질 수밖에 없다.

직장인들은 대부분 8~10시간을 한 공간에서 지내며 하고 싶은 일보다는 하고 싶지 않은 일을 꾸역꾸역 해내면서 살아간다. "그렇다", "아니다"라는 이분법적인 대답을 해가며 단순한 의사표시에 익숙해져 있다. 기분전환을 위해 책을 꺼내 보지만, 온갖 잡생각으로 페이지만 넘기고 있을 뿐 머릿속에 남는 것은 없다. 알 수 없는 불안감에 책 한 권씩은 들고 다니지만 가방에 '넣었다 뺐다'만을 반복하며, 생각하지 않는 바보가 되어가는 자신의 모습에 한탄한다. 퇴근 후 미등만 켜놓은 방에서 1페이지라도 읽어볼 요량으로 시도해보지만, 이내 잠들어버리고 아침에 힘겹게 눈을 뜨는 자신을 마주한다.

이렇듯 책 읽기가 버거운 이들에게 권하는 것은 독서모임이다. 모임이 생각하는 힘을 만들어 주는 장치가 될 수 있다. 약간의 강제성, 책을 읽을 수밖에 없는 환경을 조성하는 힘이 독서모임에 있다. 독서모임을 진행하면서 수많은 사람을 만나왔다. 1년에 한 페이지도 읽지 않는 직장인, 한 달에 4권을 읽는 다독가, 책을 쓸 준비를 하는 사람, 단행본 편집자 등 책과 좋든 싫든 관계를 맺거나 맺으려는 사람들이었다. 이들의 공통점은 머리가 굳고 있는 자신을 발견하고 위기감을 느꼈다는 것이다. 언제부터인지도 모르게 자기 생각이 누군가에게, 무언가에 잠식당하는 느낌을 받았다고 했다. 내 생각으로 세상을 살아가는 것인지 세상이 나를 만들어가고 있는건지 모를 불안감에 휩싸여 있었다.

독서모임을 하면서 사람들의 많은 변화를 직접 목격했다. 첫 모임에 나섰던 한 여대생은 자기 이야기 하기를 주저했다. 책은 좋아했지만 읽기만 하고 자기 생각을 누군가에게 말해본 경험이 없었기 때문이다. 읽고 듣는 것에는 너무나 익숙했지만 쓰고 말하는 단계에는 적응하기 힘들어했다. '내 생각이 다르다는 것을 지적받지 않을까?' 하고 다른 사람들의 눈치를 살피기 바빴다. 하지만 1년여라는 시간이 지나자 지금은 누구보다 활발하게 자신을 표현하는 사람이 됐다. 토론의 힘이 컸다.

독서 모임은 토의가 아닌 토론이다. 토의는 어떤 문제에 대해 결론을 협의하는 과정이다. 회사에서 몇 시간 동안이나 마라톤 회의를 하고 모두 일어서는 찰나, 누군가가 운을 뗀다. "그래서 결론은 무엇인가요?" 멀뚱멀뚱 아무도 대답하지 못한다. 실컷 많은 이야기를 나누고도 합의점은 찾지 못한 채 자리를 떠나고는 한다. 결론 없는 회의는 직장인들을 지치게 한다.

독서모임은 '틀리다'를 외치는 곳이 아니라 '다름'을 공감하는 장이다. 같은 책을 읽더라도 관점, 시야의 차이에서 오는 다름의 유쾌함을 느낄 수 있다. 상대방의 다른 관점에서 오는 새로움을 만날 수 있고 나의 새로움을 전달할 수 있는 소통의 장이다.

직장생활을 피동적으로 할수록 소통과 공감 능력이 떨어진다. 자기 생각을 절제할 수밖에 없고 다수의 의견에 동조할 수밖에 없는 상황에 억눌리다 보면 자신의 가치관을 잊게 된다. 한 달에 한 번이라도 독서모임을 찾아 사람들과 교류하며 생각하는 힘을 길러보는 것을 권하는 이유는 사람들 속에서 '진정한 자신'을 찾을 기회를 주기 때문이다.

"우리는 자신을 공개할 때 배우고 연결되고 협동할 새로운 기회를 얻을 수 있다. 함께 모일 때 우리는 새로운 공동체, 즉 공공 영역을 창조할 수 있다. 공적인 것은 공공재이며 자유롭고 열린 사회에 꼭 필요한 것이다."

이는 제프 자비스의《공개하고 공유하라》에 나오는 구절이다. 요즘 세상은 많은 정보를 공유하고 살아간다. 인터넷 뉴스, 동영상 콘텐츠, 카드뉴스 등 공유하고 싶지 않은 정보도 공유되고 있다. 결론을 도출하기 위해 머리가 아파지는 회의를 떠나 하루만큼은 자신의 '철저한 주관적인 생각'을 던져볼 수 있는 장을 마련해 보는 것이다. 자기 생각이 온전히 살아 숨 쉬고 있는지 가늠해 볼 기회를 만들어보라. 독서모임과 같은 기회를 통해 누군가 내 생각을 만들어가는 것, 내가 잠식당하는 수동적인 상황이 아니라 온전히 읽고 말하고 공감하며 제대로 자신을 알아가길 바란다.

A METHOD OF READING

읽기와 쓰기로 더욱 단단해지는 서평의 힘

꺼지지 않을 불길로 타올라라.

- 루이사 시게아

당신은 어떤 기준으로 영화를 고르는가? 많은 이들이 다른 사람들의 평가를 판단 기준으로 삼는다. 먼저 본 이들의 평점이나 후기를 바탕으로 그 영화를 볼 것인지 말 것인지 가늠하는 것이다. 하지만 그런 것과는 무관하게 평점이나 스토리를 일부러 보지 않고 제목이나 예고편만 보고 영화를 고르는 이들도 있다. 전자의 경우 일정 수준 이상의 보편적인 평점이 확보된 상태라면 크게 실망하지는 않게 된다. 하지만 후자와 같이 마음을 비우고 관람하다 보면 오히려 생각지 못했던 큰 감동으로 다가올 수도 있다. 이렇게 평점은 어떤 순간에는 큰 영향을 주기도 하지만 그다지 큰 영향을 끼치지 않기도 한다.

책도 마찬가지다. 책의 경우 서평이 영화로 치면 평점의 역할을 한다. 책이 출간되면 온라인 서점, 블로그, 온라인 카페 등에 서평이 올라온다.

독자의 입장에서는 책을 고르는 잣대 중 하나가 될 수 있고 저자의 입장에서는 자신의 작품을 객관적으로 바라볼 수 있는 창문과 같은 역할을 한다.

책은 공장에서 상품을 대량 생산하듯 기계적으로 시장에 선보일 수 있는 소비재는 아니다. 적게는 몇 개월 길게는 수년 동안 집필해온 결과물이고 저자의 경험, 지식이라는 무형의 가치가 담겨 있다. 이러한 가치는 독자마다 느끼는 것이 다르다. 서평은 독자에게 이러한 가치를 전달하고 저자에게는 독자와 소통하는 가교 구실을 한다. 독자와 저자에게 쌍방향으로 영향을 끼치는 중요한 매개체이다.

필자는 요즘에도 서평을 쓰는 것을 게을리하지 않는다. 서평을 쓰면 어떤 점이 좋을까? 우선 책을 요약하는 습관과 비평하는 힘을 기를 수 있다. 서평을 써야겠다는 생각으로 독서에 임하면 목적의식이 분명해져 분석적으로 읽게 된다. 추천할만한 부분을 찾고 어떤 부분은 비평의 대상으로 삼으면서 더욱 집중할 수 있다. 이러한 집중력은 책 내용을 더 기억하게 하고 생각하는 힘을 기르는 훈련이 된다.

저자가 쓴 그 내용 그대로 필터링 없이 받아들이는 것에 익숙하고 실천도, 적용도 하지 않는다면 독서의 의미는 다소 퇴색될 수밖에 없다. 기존 공산품을 구매하면 성능에 이상이 없는지 A/S 정책은 언제까지고 유효한지 따져보듯 책도 때로는 분석적으로 읽을 대상으로 삼아본다.

서평은 독후감과는 성격을 달리한다. 독후감은 책을 읽고 자신의 감상, 느낌 위주로 기술한다. 굉장히 자기 편향적이고 한정된 시야에서 감정을 쏟아낸다. 반면에 서평은 독자와 저자의 사이에 선 느낌으로 책을 소개하고 평가하는 위치에 있다. 그러다 보니 서평을 쓰는 방법은 크게 두 가지 관점으로 나뉜다.

첫 번째, 책을 소개하는 관점이다.

영화의 예고편을 보면 편집기술을 이용해 짧은 시간 동안 시선을 사로잡는 강렬한 내용을 영상에 담는다. 본편은 보지 않았지만, 내용에 대해 기대하게 만드는 메시지를 담기 위해서이다. 예고편에 낚이는 경우도 심심찮게 있지만 본편을 보기 전에 가늠하는 중요한 잣대가 된다. 책도 서평을 통해 예비 독자에게 선배 독자로서 이 책을 통해 얻을 수 있는 실익을 소개해 줄 수 있다. 자신이 기대했던 부분에 그대로 부합한다면, 그리고 그것을 서평으로 옮긴다면 진정성 있는 독서 길잡이 역할을 한다. 하지만 영화 예고편에 핵심적인 메시지가 대거 담긴다면 본편에서 김이 새듯, 서평 또한 궁금한 점이나 해결책까지 모두 담지는 않는 것이 오히려 예비 독자의 선택권을 보장해 주는 길이다.

두 번째, 비평의 관점이다.

소개하는 형식이 재미있는 부분을 발췌해 책의 외면적인 성격을 드러내는 것이라면, 비평은 책의 숨은 성격을 드러내는 작업이다. 책을 관통하는 주제의 맥락을 짚어내고 목차마다 숨어있는 연결고리의 의미들을 구슬을 꿰듯 자신만의 평가를 나타내는 방법이다. 현상에 대한 깊은 탐구를 통해 문제의식을 기르는 힘이 생기는데, 서평을 쓰다보면 이를 기를 수 있다. 단순히 비판을 위한 비평이 아니라 사실에 근거한 비평을 하는 습관은 자신을 표출하는 적극적인 방식이기도 하다.

직장인은 회사에서 고과점수로 평가를 받고, 취업준비생은 토익점수로 등급이 매겨지며 서류통과자는 면접에서 점수가 갈린다. 이렇듯 우리는 은연중 항상 평가받는 시스템에 익숙해져 있고 당연하듯 그 속에 매몰되어 살아간다. 거창하지는 않지만 서평 쓰기를 하면서 책의 내용을 되새기고 자기 생각도 덧붙이고 표출할 힘을 기를 수 있다. 실질적으로 서평 쓰기는 어떤 식으로 접근할 수 있을지 방법을 생각해보면 다음과 같이 요약할 수 있다.

먼저, 서평단에 지원한다. 개인적으로 책을 고르고 구매한 후 서평을 쓰는 것은 일반적인 방법이지만 책임감을 더하고자 한다면 서평단에 지원하는 것도 좋은 방법이다. 서평단에 지원하면 서평을 쓰는 기한이 2주 안팎으로 주어지기 때문에 책을 속도감 있게 읽어 내려갈 수 있게 된다. 약간의 강제성은 독서 속도에 도움을 주므로 이러한 점을 활용하는 것도 방법이다. 서평단을 선정하는 독서 모임은 포털사이트 카페 등에서 쉽게 찾을 수 있다. 대개 책을 읽고자 하는 이유를 명확히 제시하면 한정된 서평단 인원 안에 들 수 있다. 더불어 서평을 올릴 SNS 채널이 많다면 채택되기 더 수월하다.

둘째, 책을 읽으면서 발췌할 부분을 점검한다. 책을 다 읽고 나서 내용을 정리하려고 하면 다시 처음부터 뒤적이게 되므로 서평에 포함할 내용이 나왔을 때 형광펜으로 표시하거나 접어둔 후 정리할 수 있다. 좋은 내용마다 모두 발췌하려면 내용이 방대해질 수 있으므로 발췌할 개수를 미리 정해놓아 우선순위를 정하도록 한다. 한 서평 당 평균 5~8개 분량이 알맞다.

셋째, 발췌한 사실과 자신의 의견을 함께 정리한다. 발췌한 부분을 나열하고 자신의 의견을 하단에 덧붙이는 형식으로 글을 완성한다. 발췌문장 사이마다 자신의 의견을 포함하는 것도 방법이다. 발췌한 부분과 자신의 의견을 나타낸다. 독자는 서평을 통해 사실과 의견으로 된 책의 종합 진단서를 받아보는 것과 같은 효과를 얻는다.

넷째, 독자와 저자에게 하고 싶은 말을 요약한다. 자신이 느낀 점이 독자에게는 책의 선택 기준이 될 수 있다. 어떠한 독자에게 이 책을 권하고 혹은 추천하지 않는지 이야기하듯 건네는 메시지를 남긴다. 이는 자신이 평론가가 된 입장에서 글을 쓴다고 생각하면 쉽다. 그리고 저자에게는 아쉬운 부분에 대해 피력한다. 열린 마음을 가진 저자라면 다음에 쓰게 될 저서에서 반영할 소중한 자료로 여길 것이다.

서평을 쓴다는 것은 예비 독자에게 평론가의 입장에서 소통하는 것이다. 따라서 객관적이고 주관적인 시야 사이에서 줄타기하는 듯한 재미를 느낄 수 있다. 저자와는 친교의 역할, 비평가의 역할을 할 수 있는 소중한 매개체이다. 이러한 서평을 통해 단순히 읽는 것에서 자기 생각을 표출하는 습관을 기르다 보면 아웃풋 독서의 재미를 덤으로 얻게 된다.

저자되기로 한걸음 발돋움하는 책 쓰기를 위한 독서

자신이 될 수 있는 존재가 되길 희망하는 것이 삶의 목적이다.
- 신시아 오지크

'책을 읽기도 바쁜데 언제 글을 쓰고 책까지 낼 수 있을까?'

다독가들조차도 이런 책 쓰기에 대한 막연함이나 두려움을 가지고 있다. 실제로 칼럼니스트 중에도 자신이 펴낸 책은 한 권도 없는 경우가 많다. 1장의 칼럼을 쓰는 것과 300페이지 안팎의 책을 쓰는 것은 마음가짐과 방법론부터 차이가 나기 때문이다. 여기에 더해 절대적인 시간이 필요하다. 직장인이든, 사업가이든 자신의 생활영역에서 고군분투하다 보면 '절대시간'이 부족한 것은 사실이다. 이런 상황에서도 시간을 쪼개고 쪼개서 직접 책 쓰기를 시도하는 사람들이 늘어나고 있다.

대부분 사람은 학창시절을 거치면서 읽고 듣는 행위에는 익숙해 있다. 초등학생 때는 받아쓰기로 점수가 매겨졌고 취업준비를 위해 읽고 문제를 풀어내는 토익에 목숨을 걸기도 한다. 나중에서야 쓰기와 말하기 시험제가 도입됐다. 주입식 교육이라는 케케묵은 단어를 사용하지 않더라도 우리는 은연중 누군가의 이야기를 그저 받아들이는 것에 익숙해져 있다.

이러한 상황이 너무 오래 지속되다 보니 사고의 흐름도 원활하지 않다. 읽기, 듣기에 쓰기와 말하기를 더해야 사고의 흐름이 쌍방향으로 나아가고 생각의 큰 물줄기를 만들어 낼 수 있다. 다행히도 시간을 내서 글쓰기를 본격적으로 하기 힘든 사람이더라도 독서를 통한 훈련이 가능하다.

먼저 책 쓰기를 목표로 삼았을 때 독서 삼매경에 빠지기 쉽다.

일단 책을 쓰기로 마음먹는다면 분야를 정한다. 소설을 비롯한 문학, 자기계발, 실용서 등으로 나눈 후 더 세분화한다. 세분화된 목록 중 자신이 읽고자 하는 책들을 리스트로 만들어 공부하듯 분석하면서 읽어 내려가다 보면 자신이 써야 할 부분들을 정리해낼 수 있다. 베스트셀러라고 완벽한 것은 아니다. 그 책에 언급되지 않은 것들을 모아 리스트를 뽑고 자료 조사, 인터뷰 등을 통해서 자신만의 원고를 완성할 수 있다. 결국, 독서가 책 쓰기로 이어지게 해주는 요소는 목표와 집중력이다. 무슨 책을 읽어야 할지 항상 고민만 하다가 때를 놓치고 있다면 자신이 쓰고자 하는 책의 분야부터 섭렵하는 것이 가장 빠른 길이다.

너무나 많은 선택지가 주어지면 우왕좌왕하다가 지레 포기하기 쉽다. 선택지를 좁고 깊게 만들어 읽어 내려갈 수 밖에 없는 단일 목표를 세우는 것이 책 쓰기를 위한 독서의 첫걸음이다.

다음으로 한 권을 보더라도 분석하듯 읽는다.

책은 한 뭉텅이로 보이지만 복잡한 구조를 가진 복합쇼핑몰과 같다. 복합쇼핑몰을 겉에서 바라보면 하나의 단일 건물처럼 보이지만 그 안을 들여다 보면 여러 음식점, 상점, 옷가게 등이 합쳐진 구조다. 책도 마찬가지다. 책이라는 큰 구조물 안에 파트, 소제목, 문단, 단위 글로 이루어진 집합체다. 거기에 더해 저자 프로필, 제목, 표지 문구, 책 디자인, 참고문헌, 추천사, ISBN 코드, 서문 등이 유기적인 요소로 결합해 있다. 책 쓰기를 목표로 독서하고자 한다면 책을 '덩어리'로 볼 것이 아니라, 부분의 집합체로 보고 낱낱이 분해하여 조립하겠다는 마음으로 읽어 내려간다. 다음과 같은 요소들을 책을 읽으며 머릿속에 그려 보는 것이다.

- 왜 저자는 이 책을 쓰게 되었는가?
- 제목과 부제의 상관관계는 어떠한가?
- 추천사를 써 준 사람들과 저자의 관계는 어떠한가?
- 서론-본론-결론의 구조와 각 분량은 어느 정도인가?
- 책 내용의 자료는 어디서 발췌하였는가?
- 전체 책 분량과 각 소제목 당 분량은 어느 정도인가?

그다음 독서하면서 자료 수집을 한다.

책 쓰기의 중요 요소 중 하나가 자료 수집이다. 자신이 정한 분야의 독서를 해가며 수집하고 싶은 대상이 나타나면 문서양식화하는 것이 책 쓰기 시간을 줄이는 방법이다. 책을 쓰면서 자료를 수집하게 되면 체감상 시간이 배로 드는 느낌이 든다. 독서와 마찬가지로 책 쓰기도 한 번에 이룰 수 없는, 노력을 필요로 하는 작업이다. 이러한 작업을 한 번에 해치워 버릴 듯 도전한다면 제풀에 지치기 쉽다. 책이 아니더라도 일상의 여러 매체들에서 찾은 글감을 항상 기록하거나 스크랩하는 습관이 그래서 중요하다. 부엌이 있더라도 요리 재료가 없으면 요리를 할 수 없듯이, 글감이 없으면 책을 완성해 나가는 것은 더딘 작업일 뿐이다. 반대로 글감만, 요리재료만 있다면 책 쓰기라는 요리를 제대로 할 수 있는 준비를 마친 것과 같다.

마지막으로 블로그와 같은 개인 미디어에 독서감상을 짧게라도 쓰는 연습을 한다.

책만 읽고 책장을 덮는 것은 인풋입력에 해당한다. 책을 읽고 지식, 생각을 표출하면 아웃풋출력에 해당한다. 독서로 인풋을, 쓰기로 아웃풋을 내는 선순환이 이루어지면 사고의 전환이 빨라진다. 지식을 얻고 생각을 밖으로 내보내며 환풍기에 바람이 넘나들듯 생동감 넘치는 뇌로 바꿀 수 있다. 쓰면서 책의 내용도 기억하기 수월해진다. 그렇게 써 내려간 블로그 포스팅과 같은 매체기록은 자신의 책을 쓸 때 참고문헌 역할을 한다. 오늘 쓴 A4 반 장 분량의 글쓰기 연습은 출간을 위한 원고 쓰기의 밑거름이 될 수 있다.

독서의 목표가 단지 책 쓰기인 경우는 드물 것이고 또 그럴 필요도 없다. 읽는 것 자체로도 의미가 있기 때문이다. 다만 독서를 넘어서는 책 쓰기를 목표로 삼았다면 조금 더 부지런히 책을 읽고 자신의 지식체계를 정리해나갈 필요가 있다. 단지 지식을 정리하는 것이 아니라 책을 쓰다 보면 자신의 인생 또한 정리되는 기분이 든다. 이왕이면 책 쓰기에도 한 번쯤 도전하겠다는 목표를 세워보자. 또 다른 관점에서 독서의 묘미를 느낄 수 있을 것이다.

단 한 권의 책 쓰기로 얻게 되는 긍정의 나비효과

웃음은 마음의 조깅이다.
- 노먼 커즌즈

인생을 개척하는 데 있어 최고의 정답은 정해져 있지 않다. 하지만 최소한 오답은 아닌지 자신의 인생을 돌아볼 필요는 있지 않을까. 책을 읽고 지식을 쌓고 글쓰기로 생각을 명확히 표현하고 책 쓰기라는 결과물로 대중을 만난다면 자신의 존재감을 드러낼 수 있다. 책 읽기를 통해 책 쓰기의 단계까지 진입했다면 또 다른 변화의 세계에 발을 들인 것이다. 누군가에게 선의의 영향을 끼치는 삶을 살아갈 수 있는 작은 징검다리인 책. 이는 독서하면서 단 한 줄의 글쓰기를 이어가야 하는 이유이기도 하다. 다음은 책을 몇 권 더 집필하고 주위의 저자들을 인터뷰하면서 직접 듣고 느낀, 가장 크게 와 닿았던 변화들을 몇 가지로 간추려 본 내용이다.

첫째, 책 쓰기는 자신의 문제점을 해결하기 위한 수단이 된다.

저자 자신의 문제점을 없애는 적극적인 방법이다. 심리전문가만이 심리치유서를 쓸 수 있는 것이 아니다. 평범한 사람도 자신이 느꼈던 감정을 에세이로 풀어내고 어려움을 이겨냈던 방법을 구체적으로 기술하여 책을 출간할 수 있다. 이렇게 책을 집필하면서 자연스레 심리에 대한 깊은 공부를 하게 되므로 자가치유도 된다. 자신이 쓴 책을 서점이나 도서관에서 보게 되면 그 성취감은 매우 크다.

둘째, 책을 씀으로 인해 타인의 문제를 해결해 주는 해결사가 된다.

독자가 궁금해하는 책을 기획하면서 타인의 문제에 관심을 두게 된다. 독자에게 즐거움을 주기 위해 단편소설을 쓸 수 있고, 기획에 대한 노하우를 알리고자 책을 쓸 수도 있다. 심리적으로 공감을 이끌어내고 정화시켜주는 심리 에세이를 집필할 수도 있다. 책을 선택하는 독자들을 위해 해결책을 제시하는 것만으로도 자신의 문제를 해결하는 것 이상의 성취감과 보람을 느낄 수 있다. 누군가에게 도움이 될 수 있다는 것만으로도 다음 책을 쓸 힘을 얻는다.

셋째, 책을 쓰면 나를 사랑하는 마음이 생긴다.

자신의 이름이 내걸린 책은 책임감을 부여한다. 회사에서 할당된 중대한 업무에 대한 짓눌리는 듯한 책임감이 아니라 독자에 대한 '기분 좋은' 책임감이다. 단 한 명이라도 책으로부터 영향을 받을 독자를 고려하다 보면 집필을 할 때 한 글자, 한 문장에 노력을 기울일 수밖에 없다. 특히 힘든 상황에 놓인 직장인들의 카톡 메시지, 메일을 볼 때마다 그러한 책임감을 더 느낄 수밖에 없다. 책을 내는 순간 사적인 메시지가 아닌 공적인 메시지로 바뀌는 힘을 가지고 있기 때문이다. 이러한 힘은 저자로서 자아존중감을 높여주기에 충분하다.

넷째, 책 쓰기는 훌륭한 자기계발법이다.

독서와 책 쓰기는 상·하위 관계가 아니라 보완관계이다. 책을 쓰려면 독서와 공부를 해야 한다. 분량 200~300페이지의 책을 온전히 자신이 아는 것만으로 쓸 수는 없다. 논문, 기사, 인터뷰, 광고, 신문 등 모든 매체를 공부하고 섭렵하고 자료로 활용하는 힘을 길러야 한다. 이러한 자료수집, 쓰기, 독서, 발췌, 인터뷰 등의 전방위적 자기계발이 한데 어우러져 책이라는 결과물을 내놓는다. 이러한 과정 중에 자연스럽게 독서에 심취하고 여러 분야의 공부를 하게 된다. 이렇듯 독서는 최고의 자기계발법이고 책 쓰기는 훌륭한 자기계발법이다.

다섯째, 인생을 바라보는 시야가 넓어진다.

독자의 시선에서 저자의 시선으로 바뀐다. 많은 독서는 생각의 틀을 넓히는 장점이 있다. 책 쓰기는 생각의 관점이 바뀐다. 누군가 만들어 온 틀에 얽매이지 않고 책이라는 매개체를 통해 자신만의 세계를 창조할 수 있다. 책을 집필하는 순간 자신이 콘텐츠를 만들어가는 창작자가 될 수 있다. 자신이 새로운 영역을 구축하고 만들어 갈 수 있는 통로가 된다.

여섯 째, 스스로 개척하는 미래를 향한다.

책은 인생의 디딤돌이 될 수 있다. 학교 졸업, 취업, 퇴직, 창업의 천편일률적인 공식화 된 인생 궤도를 벗어나 자신이 큰 그림을 그려나갈 수 있다. 자신의 지식과 경험, 글, 원고로 세상의 큰 파도에 저항할 힘을 기르는 연습이 된다. 자신의 저서로 강연에 나서고 자신의 이야기로 칼럼을 의뢰받기도 한다. 시간과 공간의 제약 없이 노트북을 들고 여행을 다니며 글을 쓰며 성장한다. 거창한 미래는 아니어도 자신이 만들어가는 미래에 근접할 기회를 만들어 갈 수 있다.

몰입은 책을 읽는 텍스트 하나하나에 집중하는 것을 말하지만, 그 이상의 의미를 담고 있다. 바로 '행동에 옮기는 것'이다. 아무리 몇십, 몇백 권을 읽었더라도 느낀 점을 이행하지 않으면 변화에는 한계가 있다. 몰입한다는 것은 어려운 것이 아니라 단지 습관화되지 않았기 때문에 어렵게 느껴지는 것뿐이다.

다섯 번째 독서법

당신의 성장과 변화를 가져올 독서 잠재력

천천히 그러나 반드시 변화를 일으키는 독서 잠재력

인생이란 학교에는 불행이란 훌륭한 스승이 있다.
그 스승 때문에 우리는 더욱 단련되는 것이다.
- 프리체

30대 CEO 워킹맘 쥴스와 70대 시니어 인턴 벤. 벤은 정년퇴직 후 시니어 인턴을 모집한다는 공고문을 보게 되고 셀프비디오를 찍어 보낸다. 면접까지 통과되고 직장동료들에게 먼저 다가가 자신만의 방식을 고집하지 않고 주변 사람들과 어울린다. 점점 주변에서 벤을 의지하게 되면서 어려운 상황 속에 처한 CEO인 쥴스도 그에게 마음을 열어간다. 벤은 회사에서는 비록 인턴이었지만 인생에서는 쥴스가 오히려 벤의 인턴처럼 많은 도움을 받는다. 인상 깊었던 영화 〈인턴〉의 이야기이다.

아직도 기억나는 건 쥴스가 벤에게 "당신은 나의 인턴이자 친구예요." 라고 말하는 장면이다. 어쩌면 회사에서 상하관계로만 지낼 수 있었지만, 그 이상 소통과 관계를 통해 변해갔다.

책과 독자 관계도 비슷한 상호 소통 구조를 갖는다. 독자는 책을 선택하고 읽어나간다. 책은 나에게 인생에 참고할 사항이나 실패를 줄이기 위한 체험담을 말해준다. 책마저 나를 버겁게 만들 때도 있지만, 힘들 때 가장 잘 이해해주며 의지하는 대상이 되어주기도 한다. 〈인턴〉의 쥴스와 벤처럼 내가 책의 인턴이 되는 것이다.

책은 '좋은 인생의 스승'이며 '변하지 않는 기둥'이라고 한다. 그만큼 참 배울 점이 많고 여러 세기 동안 지혜를 선물한다. 내 의지대로 선택했지만 책을 통해 삶이 바뀔 수 있다. 프랑스 소설가 앙드레 지드는 독서로 인한 삶을 다음처럼 말했다.

"나는 한 권의 책을 책꽂이에서 뽑아 읽었다. 그리고 그 책을 꽂아 놓았다. 그러나 나는 이미 조금 전의 내가 아니다."

나도 모르는 사이에 책을 읽으며 천천히 변해갔다. 말 그대로 책으로 사람이 바뀔 수 있다는 걸 실감했다. "뭐야 또 변했다야? 근데 뭐가 어떻게 변했는데?"라고 누군가는 말할 것이다. 처음에 나도 의심했지만, 변한 건 사실이다. 주변에 독서를 권하게 되었으며, 책이 대화의 한 주제로 다뤄지기 시작했다. 매주 무의식적으로 서점에 가는 것도 아침에 일어나 책을 읽는 것도 예전의 나에게는 상상할 수 없는 일이었다.

물론 한 번에 인생이 확 바뀔 정도로 영향력이 크지 않았다. 실상 그런 사람들이 있다고 해도 흔치는 않다. 확실히 말할 수 있는 건 '내가 변했다'라는 사실이다. 우선 자신이 변하고 있음을 '느낀다'는 것이 신기했다. 자극적인 강요에 의한 의식적 변함이 아니라 한지에 물이 퍼져나가듯 자연스럽게 번져나갔다. 부담이며 잠깐 스치기만 했던 책이 삶 일부가 되었고 진정으로 글 읽기와 쓰기 모두 좋아하게 됐다.

독서만을 통해 체중감량을 했다고 하면 무척 의아할 것이다. 하지만 독서로 인해 체중감량에 큰 도움을 받은 건 사실이다. 필자는 20대 초반에 130kg 가까이 되는 거구의 몸이었다. 먹는 걸 좋아해서 새벽 4시에 일어나 삼겹살을 구워 먹었던 경험도 있다. 생각해 보면 학교생활만큼은 성실히 했기 때문에 그나마 저 정도의 몸무게로 끝낼 수 있었던 것 같다. 대학생 시절, 필자의 1교시 등교 시간은 7시였다. 내가 원하는 수업을 듣는 교육 시스템을 누리는 상황에서 미리 가서 좋은 자리에 앉아있는 건 당연한 일이라 여겼다. 또한, 과제는 미리 해야 하는 것으로 생각했다.

이렇게 무엇이든 온 힘을 다했던 필자에게 지인의 한 마디는 충격적으로 다가왔다.

"네 몸부터 부지런하지 않은 상태인데, 누가 부지런하다고 믿어줄까?"

물론 체중이 많이 나간다고 해서 부지런하지 않은 것도 아니며, 체중이 적게 나간다고 부지런한 건 아니다. 그런데도 거울에 비친 필자의 모습은 공부를 위해라는 명목으로 만들어진 자기합리화의 결과물처럼 느껴졌다. 익숙함에 잊고 있던 체중은 결국 너무 늘어나 감당할 수 없을 상태가 되어버렸다.

더는 안 되겠다는 생각에 운동을 시작하기로 마음을 먹었다. 워낙 운동 자체를 싫어했던 터라 운동한다는 것도 어려웠지만 유지하는 건 더욱 고역이었다. 운동 시작 후 슬럼프 때마다 마음을 다잡아줄 무언가가 절실했다. 그래서 자기계발서를 읽기 시작했다. 다행히도 그때 읽었던 책들은 나에게 큰 도움이 되었다. 마인드컨트롤 하는 방법, 실패에서 이겨내는 방법 등은 슬럼프를 이겨내는 데 구체적인 길잡이를 해준 것이다.

지금도 인생의 무기력함을 느낄 때마다 자극받을 수 있는 책들을 꺼내 읽는다. 체중감량이 되면서 몸도 조금씩 변화되었고 체력도 좋아져서 자연스럽게 독서를 위한 시간도 늘릴 수 있었다. 그렇게 독서하며 만난 많은 저자를 통해 다양한 자극을 꾸준히 얻을 수 있었다. 힘들 때마다 필자가 찾고 붙잡았던 자기계발서 읽기야말로 변화의 시작이었다.

독서를 통해 심적으로 도움이 된 것도 있지만 실질적으로 식비도 크게 줄일 수 있었다. 거구의 체중 때는 식비가 한 달 평균 100만 원을 넘곤 했다. 하지만 책을 사면서 소비에서 식비의 비중이 줄었다. 지금도 매주 2~3권을 사면서 한 달 평균 20~30만 원을 쓰고 있다. 현재는 거구의 몸에서 약 50kg 정도 감량해 유지하고 있다.

사람이라면 누구나 힘들 때가 있다. 하나의 문이 닫히면 하나의 문이 열리듯 힘든 취업준비가 끝나고 입사의 문이 열렸다. 항상 회사는 그 자리에 있지만 내 행동은 시시각각 변했다. 예상치 못한 짐들이 어깨에 내려앉는 순간 견디기 힘들어 주저앉기 바빴다. 하지만 지금은 달라졌다. 물론 책 때문에 힘들지 않는다는 건 거짓말이다. 힘듦을 즐긴다는 말도 이해하기 어렵다. 단지 그 힘듦을 어떻게 받아들이고 어떤 방식으로 헤쳐 나갈지 알려준 게 책이다. 이건 사실이다.

같은 일을 겪지 말라며 경험과 해결방안이 담긴 직장생활관련 책이 출간된다. 몇십 년 동안 일하면서 느낀 것들과 그때 알았다면 좋았던 것들을 풀어간다. 저자가 먼저 겪은 문제였고 해결된 사항에 대해 다루기 때문에 참고서로 활용할 수 있다. 단지 제시하는 방법을 내 상황에 맞춰 최상의 해결책을 찾는 게 중요하다.

회사생활 전에도 슬럼프는 찾아왔었다. 하지만 책을 읽으며 슬럼프 기간이 짧아졌고, 오히려 적극적으로 역경을 떨쳐낼 방법을 찾았다. 보이기 위한 활동이 아닌 진정으로 내가 원하는 방법을 찾게 되었다.

나는 책을 좋아하는 사람을 팔로우하고 즐겨 읽는 사람을 찾아다닌다. 책을 읽기 전까지만 해도, 독자는 서점에 가야 볼 수 있는 존재였다. 지금의 나는 그 존재 속 한 명이 되었다. 독서에 흥미를 느끼면서 남들이 어떤 책을 읽는지, 어떻게 느끼는지 궁금했다. 인터넷에 있는 각종 후기는 욕구를 채워주기에 턱없이 부족했다. 생생하게 느끼고 싶었고 적극적으로 교류를 하고 싶었다. 그래서 책을 좋아하는 사람들을 팔로우하며 그들의 글을 찬찬히 살펴보기 시작했다. 그리고 책 읽는 사람들을 찾아 나섰다.

인스타그램에서 책을 좋아하는 사람들을 찾기 어렵지 않다. 한 명의 저자 계정을 팔로우하는 순간 그와 관련된 사람들의 계정이 연결되어 있기 때문이다. 어느 날 뉴스에서 책을 읽는 사람들이 많이 줄었다고 보도했다. 그런 줄로만 알았다. 하지만 실상은 달랐다. 책을 읽는 사람들과 교류를 원하는 사람들은 상상 이상의 규모였다. 저자와 만나고 이야기를 나누는 자리도 참여했다.

이런 자리에 참여할 때마다 참 좋은 점이 있다.'내가 옳아'라고 혼자만의 외침이 아닌 '저는 이렇게 생각합니다. 여러분들은 어떻게 느끼셨나요?'라는 배려다. 다른 독자 이야기를 듣다 보면 그들 인생에 잠시 발을 담근 느낌이다. 말한 내용이 나와 같은 선상에 있으면 눈빛으로 무언의 동질감을 느끼기도 한다. 나와 다른 의견은 더욱 좋았다. 다른 환경에서 느낀 그들 가치관이 녹아 있는 언어이기 때문이다.

책을 읽으며 가장 좋았던 건 대화 주제에 독서가 포함된다는 것이다. 집에 있는 가족에게도, 오랜만에 만난 친구들에게도, 매일 보는 회사동료들에게도 질문을 받는다. 책에 관련된 질문이다. 책은 전혀 나와는 관계가 없었던 대상이었는데 어느새 대화의 연결고리가 되어주었다. “책 한 권만 추천해줘”, “왜 책 읽는 게 항상 힘들까?” 등의 질문을 바탕으로 함께 많은 의미 있는 이야기를 나누었다. 그들의 말에 귀를 기울였고 끊임없이 질문을 주고받았다. 대화하는 중에 원하는 방향을 찾기도 하고 가지고 있던 선입견이 바뀌기도 했다.

포도는 다른 포도를 만날 때 색깔을 바꾼다고 한다. 익기 시작한 포도는 효소와 향기를 내뿜기 시작한다. 그렇게 에너지를 형성하고 다른 포도에 퍼져나간다. 나머지 포도는 에너지를 받아 변하게 된다. 우리는 존경하는 사람이나 본받고 싶어 하는 인물에게 영향을 받는다. 그렇다면 나로 인해 주변이 조금이라도 바뀌는 경험은 어떨까? 굉장한 행운이다. 심지어 좋은 변화가 퍼져나간다면 그만큼 행복한 일은 없다. 남들 이야기가 아니라 누구나 가능하다. 지금 이 책을 읽고 있는 당신도 물론 가능하다.

A METHOD OF READING

첫 페이지를 넘겼다는 이유로 끝까지 읽을 필요는 없다

인생에서 원하는 것을 얻기 위한 첫 번째 단계는
내가 무엇을 원하는지 결정하는 것이다.
- 벤스타인

학창시절 한 번씩은 청개구리 짓을 한다. 시험 기간에 공부하는 마음을 먹고 방으로 들어간다. 오랜만에 책을 펼쳐 공부를 시작했지만, 어느새 잠이 찾아온다. 하지만 책상에 앉아 있는 내 모습이 기특해 다시 정신을 차린다. 한 시간쯤 지났을까 배도 고프고 잠시 쉬기 위해 거실로 나온다. 항상 이럴 때 타이밍이 원망스럽다. 하필 아버지가 이때 귀가하신다. 아버지 눈에 비친 나는 시험 기간에 공부 안 하고 TV 보는 철없는 아들이다. 그리고 말씀하신다.

"넌 내일이 시험이라는 애가 공부 안 하고 뭐하냐? 빨리 들어가서 한 자라도 더 봐라."

이제껏 공부하다 이제 나왔는데 아버지 말씀에 너무 억울하다. 속상한 채 방으로 들어가게 되면 공부할 의욕이 떨어진다. 스스로 하려던 공부를 아버지 강요 때문에 하기 싫어진다. 하라고 하면 하기 싫어지는 청개구리 모습이 발동된다. 반항이라도 하는 듯 따르기 싫어진다.

'책을 꼭 끝까지 읽어야 한다'라는 강박관념도, 의무감도 가질 필요 없다. 도스토옙스키의 《카라마조프의 형제들》, 톨스토이의 《부활》, 세르반테스의 《돈키호테》, 조지 오웰의 《동물 농장》 등 전 세계에서 사랑받는 명작들이 있다. 처음부터 끝까지 감동의 도가니다. 하지만 어떤 책이건 처음부터 마지막까지 꼼꼼히 읽어야 할 의무는 없다. 프랑스 작가인 다니엘 페나크는 책을 펴내며 다음과 같이 말했다.

"책 읽기의 즐거움이란 결코 멀리 있지 않았다. 다만 읽어도 모를까 지레 겁을 먹었던 그 말 못 할 두려움으로 인해 줄곧 사춘기 아이들의 기억 저편에 묻혀 있었을 뿐이다."

그는 30여 년 동안 아이들을 가르치며 올바른 책 읽기에 대한 책, 《소설처럼》을 펴냈다. 그의 책에서 열 가지 독서 권리를 제시한다. 첫 번째로 책을 읽지 않을 권리, 두 번째로 건너뛰며 읽을 권리, 세 번째로 끝까지 읽지 않을 권리 등 열 가지는 독자의 권리를 다시 바라보게 했다. 우리는 책에 대한 의무감과 강박관념을 버릴 필요가 있다. 독서에 대한 자유를 누려보자. 이 자유는 책에 대한 순수한 즐거움에 빠질 기회를 선사할 것이며, 깊은 깨달음을 선물해 줄 것이다.

책을 끝까지 읽지 않는 건 예의가 없는 것이 아니다. 예의란 '존경의 뜻을 표하기 위하여 예로서 나타내는 말투나 몸가짐'을 말한다. 보통 '예의바른 행동', '예의가 바르다', '예의를 지킨다'와 같이 사용된다. 책에 대한 예의는 처음부터 끝까지 읽는 것이 아니다. 저자의 의도를 한 번이라도 생각하는 자세를 갖추는 게 예의를 다하는 것이다. 책을 읽으며 저자의 생각을 모두 알 필요는 없다. 더욱이 읽고 난 후 모든 내용을 알고 있지 않음에 미안함을 느끼지 않았으면 좋겠다. '책을 읽는다'는 것이 저자가 생각하는 방향을 이해하려는 시도이기 때문에 자체로 의미가 있다. 또한, 스스로 이런 좋은 책을 읽고 있음이, 성장을 위한 기회를 스스로 주고 있음이 진정 본인과 책에 대한 예의다.

끝까지 읽지 못한다고 해서 염려할 필요도 없다. 대충 읽었다고 부분만 읽었다고 자책하지도 말자. 르네상스의 프랑스 철학자 몽테뉴는 부유한 가정 덕에 수천 권 책이 있는 서재에서 어린 시절을 보냈다. 그런 그도 "나는 책들을 뒤적거릴 뿐 탐구하지 않는다. 판단에 도움을 준 담론과 상상력 외에는 모두 잊어버린다."라고 말했다.

책을 끝까지 읽으려고 하는 습관이 오히려 많은 책을 접할 기회를 빼어 간다. 1960년대에는 전 세계적으로 출간된 도서가 하루 1,000권이었다. 2010년에 우리나라에서만 하루 100종이 넘게 신간이 발행되었다. 이렇게 많은 책 산더미 속에서 차고 흘러넘칠 정도로 정보가 새로 생성된다. 모든 책을 읽는 것은 불가능하다. 필요하기 때문에 골라 재빨리 흡수하겠다는 생각으로 건너뛰면서 읽는 독서가 필요하다.

일본의 대표적인 언론인이자 지성으로 뽑히는 다치바나 다카시는 어마어마한 규모의서재를 가지고 있다. 지하 2층부터 옥상까지 책들이 가득 차 있다고 한다. 그도 새로운 것을 얻기 위해 수만 권의 책을 읽는다. 그런 그는 독서에 대해 다음과 같이 말했다.

"일단 많은 책을 사면 읽게 된다. 책은 정독할 필요가 없다. 메모하면서 정독을 하면, 두 시간이면 읽을 책도 이틀씩 걸릴 수 있다."

책 한 권에 들어 있는 모든 내용이 모든 사람에게 유익한 것은 아니다.

읽다가 흥미가 떨어지면 건너뛰고 읽어야 한다. 처음부터 끝까지 읽을 필요가 없다는 건 아니다. 아무런 흥미 없이 무조건 처음부터 끝까지 읽으려고 하면 안 읽힌다. 물론 재밌거나 흥미를 지속해서 불러일으키는 책은 하지 말라고 해도 다 읽는다. 책을 읽을 권리가 독자에게 있듯이, 책을 읽는 방법에 대한 주도권도 당신에게 있음을 기억하기 바란다.

오늘의 독서량은 측정 불가! 몰입독서의 힘

순간을 지배하는 사람이 인생을 지배한다.

- 에센바흐

드라마 〈김 과장〉은 직장인들의 폭풍 공감을 일으켰다. 주인공 '김성룡' 역을 훌륭히 소화해낸 배우 남궁민의 연기는 빛났다. 남궁민이 곧 김성룡이었고 김성룡이 곧 남궁민이었다. 그는 극 초반 몰입을 위해 옷을 직접 구하러 다니기도 하였고, 목소리 톤을 높이기 위해 실생활에서도 연습을 강행했다고 한다. 많은 연구와 노력 끝에 나온 캐릭터가 김성룡이었다.

이렇게 사랑받은 드라마 연기자들의 인터뷰를 살펴보면 공통점이 있다. 캐릭터를 만들기 위해 고심하고 노력하는 점이다. 실제로 맡은 배역 직업인도 만나보고 전문 기술을 배우기도 한다. 지역 사투리를 구사하기 위해 실제로 지역에 거주하면서 노력한다. 이를 바라보는 시청자들도 '소름 돋는 연기, 웰 메이드 연기'라고 칭찬한다. 배우의 몰입된 연기력 때문에 스토리 몰입에 도움이 되기 때문이다.

연기에 집중하여 작품으로 선보이는 배우들처럼 직장인도 자신이 맡은 업무를 몰입하여 결과로서 보여줘야 한다. 완성도 있는 결과를 도출하기 위해 인터넷 검색을 하고 주변에 자문하기도 한다. 요즘 회사 환경은 대부분 스마트화되어 있다. 첨단화된 공간과 도구들은 멀티태스킹을 하는 데 도움을 주기도 하지만 집중력을 망치기도 한다. 한 통계자료에 의하면 직장인들이 하루 업무 시간 중 개인적인 일에 할애하는 시간은 평균 3.2시간이라고 한다. 구체적으로 살펴보면 메신저와 채팅이 대부분을 차지하고 다음으로는 SNS 이용, 뉴스 검색, 온라인 쇼핑 순으로 나타난다.

물론 업무시간 내내 집중할 수 있다는 건 불가능에 가까운 일이다. 하지만 예전보다 현저하게 일에 집중하는 시간이 줄어든 이유는 통계자료를 통해 쉽게 알 수 있다. 인터넷의 링크 기능과 휴대폰 때문이다. A를 검색하기 위해 정치면을 보고 있다가 전혀 관계없는 연예 페이지에 도달한 경험은 한번쯤 있을 것이다. 이처럼 링크 기능은 정보 확장이 아니라 때론 다른 길로 안내해 주기도 한다. 또한, 휴대폰을 무의식적으로 바라보고 쓸데없이 만지작거린다. 이렇게 소위 딴짓하는 시간이 늘어 업무에 집중하는 시간이 줄어든다.

그렇지만 반대로 일 잘한다고 평가받는 이들은 역시 업무 중에 무섭게 몰입한다. 이들은 스스로 집중하기 위한 환경을 만든다. 쓸데없는 기기나 서류들은 정리하고 업무를 시작한다. 그만큼 관심을 분산시킬 수 있는 것들을 치우는 건 몰입을 위한 첫 단계다.

책 읽는 것도 마찬가지다. 우리는 책을 읽고 싶어 하지만 환경은 만들지 않은 채 시작한다. 그러니까 실패하기 쉬운 것인지도 모른다. 휴대폰은 화면에서 끊임없이 메시지가 팝업되기에 눈길이 계속 간다. 독서도 환경이 갖춰진 것과 그렇지 않은 상태에서 결과는 달라진다. 나도 책을 많은 곳에서 읽지만, 집과 기숙사에서는 정해진 장소에서 읽는다. 집중과 몰입을 위함이다. 여러 방법을 시도하면서 나만의 규칙을 정해 장소를 지정했고 지금도 꾸준히 지켜오고 있다. 몰입 독서를 위해서는 다음과 같은 환경을 만들어보라.

첫째, 누구도 방해할 수 없는 공간을 만들어라.

여기서 공간은 물리적으로 구분된 구역만을 의미하지 않는다. 혼자 있을 수 있는 공간이라면 어디든 포함될 수 있다. 기숙사는 직장생활을 위한 장소로 일주일 대부분을 보내는 공간이다. 나는 공동으로 사용하는 기숙사에서 지내기 때문에 나만의 장소를 만든다는 건 어려운 일이었다. 그래서 '바로 코 닿을 거리'에 임의 공간을 설정했다. 자고 일어나면 바로 앉아서 읽을 수 있는 책상이 그 공간이다. 책상 위, 바닥에는 책들을 펼쳐놓고 그때마다 선택한다. 굳이 앉아서만 읽지 않고 누워서 읽기도 한다. 단, 책을 읽을 때는 공간을 벗어나지 않았다. 집에서는 잠자리에 누워서 읽는다. 일어나서 바로 읽을 수 있게 옆에 책들을 쌓아놓는다.

대부분 책을 읽는 사람들은 자신만의 독서 공간이 있다. 조선 시대의 독서왕이라는 정조는 책에만 집중할 수 있는 회심와會心窩라는 건물을 지어 독서했다. 독서를 위한 공간은 책상이나 침대가 될 수도 있고, 반신욕이나 목욕을 하는 욕조일 수도 있다. 정해진 장소는 없다. 나에게 맞는 최적의 장소를 찾거나 만드는 것이 중요할 뿐이다.

둘째, 공간에 대한 제약이 있다면 시간을 조정해보라.

바로 옆에 책을 놓는다고 해도 같이 지낼 때는 단독적인 행동에 어려움이 있다. 그렇기에 주로 아침 시간을 이용한다. 기숙사에서는 아침 6시에 일어나서 1시간가량 책을 읽는다. 책상이 창문 바로 옆에 있어 햇볕이 잘 들어 집중하기 좋기 때문이다. 방 전체가 밝은 것보다 책상 공간만 환하면 더욱 집중하기 좋다. 집에서 읽을 때도 아침시간을 자주 이용한다. 아침을 선택한 이유는 하루를 시작하는 시간으로 지치지 않은 상태이며 공기가 상쾌하다. 그렇다고 무조건 아침일 필요는 없다. 밤에 읽거나 새벽에 읽는 게 편하다면 그 시간에 집중하면 된다. 자신이 집중할 수 있는 시간이라면 언제든 그 시간을 최대한 활용해보자.

몰입은 책을 읽는 텍스트 하나하나에 집중하는 것을 의미하지만, 그 이상의 의미를 담고 있다. 바로 '행동에 옮기는 것'이다. 아무리 몇십, 몇백 권을 읽었더라도 느낀 점을 이행하지 않으면 변화에는 한계가 있다. 몰입한다는 것은 어려운 것이 아니라 단지 습관화되지.않았기 때문에 어렵게 느껴지는 것뿐이다.

우리는 변화를 위해 책을 읽는다. 다만 느낀 점을 행동으로 옮기지 않으면 저자의 경험에 그칠 뿐 절대 내 것이 될 수 없다. 예를 들어 '자기 성장을 위해 30분 먼저 출근해라'와 같은 책을 읽었으면 5분이라도 일찍 도착하는 게 중요하다. 1분도 상관없다. 행동을 통해 가장 본인에게 맞는 방법을 찾아가는 것이 중요하다. 행동은 몰입에서 상당히 중요한 위치를 차지한다. 누구나 한 번에 바뀌는 건 어렵다. 천천히 조금씩이라도 행동하는 게 바로 포인트이다.

A METHOD OF READING

당신 잠재력의 에너지 빅뱅을 일으킬 엔진, 독서

잔잔한 바다에서는
좋은 뱃사공이 만들어지지 않는다.
- 영국속담

국외여행을 다닐 때, 무난한 음식을 먹고 싶어 한 글로벌 패스트푸드점을 방문하곤 한다. 거부감 없이 먹을 수 있으면서도 나라마다 특색 있는 메뉴를 만날 수 있기 때문이다. 일례로 소시지가 유명한 독일에서는 패티 대신 소시지를 넣은 버거를, 인도에서는 소고기를 금하고 있기 때문에 채소로만 채워진 메뉴를 만들기도 한다. 이렇게 하나의 브랜드라는 플랫폼을 통해 각 나라만의 문화를 담아내고 마케팅 요소까지 융합하고 있다.

대학 시절, 인문학 교양시간에 작은 융합을 통해 한 발짝 나아간 방법을 고안한 적이 있다. 소위 역사를 '승자의 기록'이라 한다. 대부분 통치자도 성공한 역사만 드러내려 하며 실패한 일들에 대해서는 숨기기 바쁘다. 전구를 발명한 에디슨마저 수천 번의 실패를 통해 만들 수 있었다. 하지만 에디슨이 어떤 실패를 했는지 그에 대한 내용을 자세히 아는 사람은 드물다. 실패에 대한 중요성은 언급하고 있었지만 정작 그에 대해 자세히 바라보는 행동들은 없었기 때문이다. 이에 체계적인 시스템인 'XMind' 마인드맵 프로그램을 적용해보기로 했다. 결과적으로 단순한 인과관계를 넘는 해석이 가능했다. '나라면 어떻게 했겠다.'와 같이 개인 맞춤 해결책도 다른 원인의 가능성에 대해서도 고안할 수 있었다. 더불어 실패를 체계적으로 분석할 수 있어 한눈에 보기 편했다. 획기적인 결과는 아니었지만 작은 시도로 고안된 한 단계 성장한 분석방법이었다.

융합은 산업에서 굉장히 중요하게 다뤄지고 있는 이슈로 산업마다 다양하게 정의하고 있다. 다만, 융합이 생기게 된 원인은 동일하다. 사람들의 욕구가 시간이 갈수록 복잡해진다는 점이다. 소비자는 기존에 사용하던 물건에 불편함을 느껴 여러 기능이 탑재된 물건을 구매한다. 어느 누가, 어떤 기업이 먼저 불편한 점들을 찾아내느냐가 중요할 뿐이다. 더욱 쉽고 효율적으로 융합한 물건, 시스템, 서비스를 누구보다 더 빨리 제공할 수 있기 때문이다.

지금은 어울리지 않을 것 같은 다른 산업끼리 융합을 통해 새로운 것을 창출한다. 이제 어울림과 다름 사이에 간극은 존재하지 않는다. 그만큼 융합은 어떻게 연결하고 결합하느냐에 따라 달라지는 개념이다.

책을 읽을수록 지식도 차곡차곡 쌓인다. 뇌가 다양한 구역으로 나뉘어 각자의 임무를 수행하는 것처럼 각 영역에 하나씩 저장된다. 저장된 지식을 사용할 때 사람마다 이용 방법은 다르다. A를 이해하기 위해 관련된 A 지식을 꺼내는 사람도 있으며, A를 이해하기 위해 B와 C를 선택하는 경우도 있다. 후자의 경우 새로운 관점으로 이어져서 생각지도 못한 결과를 도출하기도 한다. 책을 읽으며 쌓이는 지식은 마치 화가의 물감과 같다. 물감이 많을수록 다양한 것을 표현할 수 있기 때문이다. 섞다 보면 기존에 없던 색을 발견할 수도 있으며 다양한 화풍을 만들 수 있다. 물론 한 가지 색으로 걸작을 만드는 화가도 있는 것처럼 재료가 많다고 항상 좋은 걸 만들어내는 것은 아니다. 하지만 다양한 색상의 물감이 있을수록 자신을 표현할 수 있는 도구 선택권이 넓어지는 것은 당연하다.

융합을 위해 일정 분량 이상의 책은 읽어야 한다. 마치 수증기가 다시 비가 되어 내리기 위해서는 일정량 이상의 수증기가 모여야 한다는 것과 같다. 그렇게 모인 증기로 구름이 만들어지고 포용할 수 있는 임계치가 넘어가면 비로 상태는 변화하여 비가 되어 내린다.

독서도 마찬가지다. 독서를 통한 지식 융합, 이를 뛰어넘어 지식폭발이 일어나기 위해서는 임계 값 이상의 독서량이 필요하다. 엄청난 양의 책을 읽기보다는 좋은 내용과 멋진 문장의 훌륭한 책으로 일정량 이상 읽으면 된다. 하지만 많은 사람은 임계 값에 도달하지 못하고 그 앞에서 포기한다. 《독서혁명》에서는 독서 임계치에 대해 다음과 같이 말한다.

"독서를 통해서 삶을 변화시키고 싶다면 먼저 자신의 독서 임계치를 경험하기 위한 노력과 열정을 투자해야 한다. 독서의 임계치를 만날 수만 있다면 변화는 곧 나타날 것이다."

한 가지 분야에 대한 편식 독서보다는 다양한 책을 접해보자. 여러 분야에 접근할수록 새로운 관점이 만들어지기 때문이다. 마치 시야가 넓어져 동시에 여러 개를 볼 수 있는 것과 같다. 이를 통해 생각지도 못한 조합으로 걸작이 탄생하기도 한다.

중세 르네상스 시기 유명한 화가 중 대표적인 사람이 미켈란젤로다. 미켈란젤로는 5살부터 조각을 시작하여 조각에 조예가 깊다. 조각을 위해 해부학을 공부했으며 이는 많은 걸작을 탄생시킨 원동력이 되었다. 바티칸 성당 '피에타Pieta'는 성모마리아가 예수를 안고 있는 조각상이다. 실제로 가서 보니 표정과 근육 하나하나가 마치 살아있는 사람을 보는 느낌이 들었다. 바티칸 천장 작품 중 '아담의 창조'는 의사들이 인정할 정도로 뇌 단면도와 매우 흡사하다. 인물들은 아름다운 근육이 잘 드러나도록 몸을 꼬아서 표현했다. 만약 미켈란젤로가 해부학을 공부하지 않았다면 이런 작품들이 탄생할 수 있었을까? 조각만 하지 않고 해부학까지 도전했기 때문에 걸작을 만들 수 있었던 것은 아닐까?

집단지성은 융합을 단편적으로 보여주는 결과다. 위키피디아는 대학교 생활을 버티게 해준 소중한 존재다. 아직도 궁금한 정의나 내용이 있으면 종종 참고한다. 위키피디아는 여러 사람이 자유롭게 열람하고 확실하지 않거나 잘못된 정보는 누구나 수정 및 삭제할 수 있는 형태의 자료열람 사이트이다. 집단지성이 발휘되어 많은 사람이 참여할수록 더 정확한 정보에 다가간다.

중국 기업인 샤오미도 휴대폰 운영체제에 대한 소스를 사람들에게 공개적으로 오픈했다. 오픈 소스는 소프트웨어 혹은 하드웨어 제작자의 권리를 지키면서 원시 코드를 누구나 열람할 수 있도록 한 소프트웨어를 말한다. 이를 통해 전문 개발자가 아니어도 오픈된 소스를 통해 애플리케이션이나 소프트웨어를 개발할 기회를 가진다. 샤오미는 오픈소스를 통해 이용자들 사이의 활발한 상호 교류의 장을 만들었으며 더 나은 제품을 만들게 되었다.

다양한 영역의 지식을 접하다 보면 사고 영역의 확장도 꾀하게 된다. 이를 통해 이질적인 두 영역의 지식이 결합할 수 있게 된다. 가만히 있으면 새로운 것이 탄생하지 않는다. 끊임없이 쌓고 섞어야 한다. 그래야 지식 빅뱅의 확률을 높일 수 있다. 조급해하지 않고 천천히 초석을 다지자. 그리고 작은 시도라도 계속 해보자. 잦은 시도가 모이면 결국 인생을 바꿀만한 융합의 결과물로 이어질 수 있다.

세상을 바꾸는 1%는 의미를 재해석하는 질문에서 시작된다

당신이 나서지 않는다면
아무것도 되지 않을 것이다.
- 마야 엔젤루

뚜껑에게도 영혼이 있다면
뜨거운 김을 두려워 않고 견디는 인내와
어떤 시련에도 맛을 지켜내는 책임감,
덜어서 나눠 먹을 수 있는 따뜻함을 가졌을 것입니다.
단언컨대 뚜껑은 가장 완벽한 물체입니다.

한 통신사의 휴대폰 광고카피를 패러디했던 굉장히 핫Hot했던 글이다. 우선 패러디를 했다는 점에서 이목을 사로잡았다. 개그맨 김준현을 광고 모델로 채택하면서 시청자들은 자연스럽게 상품에 주목했다. '단언컨대'라고 익살스럽게 재해석된 문구는 사람들 사이에 회자되기에 충분한 소재였다. 이슈는 자연스럽게 SNS와 입소문을 타고 흘러갔고 효과는 굉장히 컸다. 이후 알게 된 사실이지만 패러디한 원래 광고의 여자 모델을 그대로 기용하기도 했다. 광고기획자의 아이디어가 소비자의 마음을 사로잡은 대표적인 광고로 인정받았다. 이처럼 패러디는 원본 콘텐츠 특징을 자신 작품에 집어넣어 재해석하는 기법을 말한다. 어떻게 재해석하느냐에 따라 소비자들의 선택을 받을 수도, 외면받을 수도 있다.

독서를 하는 이유 중 하나도 바로 패러디와 같은 선상에 있다. 책이라는 콘텐츠를 자신의 삶과 시각에 맞게 재해석하는 것이다. 책을 콘텐츠 자체로 받아들이는 건 주입식 교육과 다른 게 없다. 의미가 있던 문장도 본인만의 재해석이 필요하다.

필자도 재해석의 중요성은 알고 있었다. 하지만 이를 위한 소재 선택에서도, 재해석이라는 의미로서 깊이에도 어려움을 느꼈다. 결국, 근본적으로 문제점을 하나씩 파헤쳤고, '범위의 확장'을 통해 문제를 해결할 수 있었다.

포털사이트에 '책 재해석'이란 키워드를 워딩하기만 해도 거의 90% 이상은 고전古典과 관련된 내용이 나온다. 나에게는 고전은 어려움 그 자체다. 《공자》, 《논어》, 《중용》 등 단어는 숨만 막히게 할 뿐이다. 대부분 책을 읽기 시작하는 사람들에게도 심지어 독서가들에게도 고전은 어려운 분야이다. 물론 옛것을 익히고 새로운 것을 아는 건 중요하다. 고전을 읽어야 하는 이유는 세대를 초월하는 본질을 담고 있기 때문이다. 하지만 어느 누가 처음 고전을 펼쳐서 '아, 이런 본질적인 걸 담고 있구나, 나도 한 번 다시 되돌아 봐야 되겠다!'라고 느끼겠는가. 아마 콘텐츠 자체의 의미도 파악하기 어려워할지 모른다. 심지어 읽으면서 '난 왜 이걸 읽고 있는가?'라는 생각이 먼저 들 수 있다.

필자가 이 난관을 극복하기 위해 주목한 단어는 '고古'였다. '아직까지 사람들 사이에서 회자되는 게 이런 어려운 글뿐일까?'에서 시작했다. 옛날부터 전해 내려온 건 전래동화, 이솝우화도 있고, 할머니가 들려주는 옛날이야기도 있다. 동화에도 교훈은 하나씩 담겨 있다. 깊게 파보면 각 인물은 사람들의 본성을 드러내고 있음을 발견하게 된다. 전래동화는 비록 짧은 글과 그림으로 구성되어 있지만 많은 걸 내포하고 있다.

결국, 고전도 읽어야 하는 건 맞다. 고전은 '오랫동안 많은 사람에게 널리 읽히고 모범이 될 만한 문학이나 예술 작품'이라는 사전적 의미를 가지고 있는 만큼 가치가 있다. 단, 고전을 시작할 때 전래동화와 같은 가벼운 글감이나 고전을 재해석 한 책으로 시작하는 걸 추천한다. 고전을 재해석 한 책들은 방향들을 제시하기 때문에 단순 글로만 접할 때 보다는 길을 잃지 않기 때문이다.

재해석은 말 그대로 '해석을 다시 하다'라는 의미다. 처음 책의 재해석이라는 말을 접했을 때는 마치 '인생을 송두리째 바꿀 수 있을 만한 해석'이라는 느낌을 받았다. 이제 책을 읽기 시작한 초보였기에 소위 넘사벽넘을 수 없는 벽 영역이었다. 남의 눈을 의식해서 그런지 몰라도 남들이 봤을 때 "오~"하는 감탄사가 나올 수 있는 수준이어야 한다고 생각했기에 어려움이 많았다. 그래서 우선, '인생을 송두리째 바꿀만한 건 한 번에 이뤄지지 않는다'라는 생각을 하곤 했다.

재해석을 위한 핵심은 질문이었다. 질문의 중요성은 많은 대기업의 몰락으로 대두되었다. 미국의 최대 규모의 비디오 대여 업체인 블록버스터는 지금 찾아보기 힘들다. 한창 사람들 사이에 수요가 폭발할 때는 전 세계 25개국 9천 개 이상에서 대여점을 운영할 정도였지만 말이다. 현재는 넷플릭스가 거의 유일한 업체다. 블록버스터가 잘 나갈 때 넷플릭스 대표가 찾아가 협업을 제안했지만 거절당했다고 한다. 결국, 블록버스터는 '미래 어떤 매체가 확장될 것인가'라는 질문을 하지 않아 망하는 지름길로 들어선 셈이다. 충분한 질문이 없으면 대기업들도 순식간에 망할 수 있는 세상이다.

필자는 재해석을 위해 이렇게 질문하곤 했다. 첫째, 책을 읽으며 인상 깊은 구절이나 의미 있는 문장에 밑줄을 그었다. 둘째, 밑줄을 다시 읽으며 생각나는 질문들을 적었다. 셋째, 그 질문들에 답을 하면서 한 번 더 질문했다. 질문에 질문하는 것이다. 질문이 생기지 않을 것 같은 문장에도 의식적으로 2번 이상 질문했다.

예를 들어 조지 오웰의 《동물농장》에서 스노우 볼이 나폴레옹에게 쫓겨나는 장면을 보며 질문을 더 해보았다. 처음은 '만약 스노우 볼이 쫓겨나지 않았다면 농장은 행복했을까?' 라고 생각해보았다. 다음은 '미래지향을 추구하는 게 행복한 일일까?'라는 질문을 이어갔으나 답을 내릴 수는 없었다. '행복의 기준은 무엇일까?', '보수 또는 진보로 양분화시키는 기준은 옳은 것일까?'" 등의 궁금증이 꼬리에 꼬리를 물었다.

질문할수록 이해 깊이는 확장되었다. 이때 질문 수준은 측정하기 어렵지만 간단하고 단순한 것도 상관없다. 질문마저 남에게 보이기 위함이 아니므로 어렵고 수준 높을 필요 없다.

재해석하는 방법에는 상상도 포함한다. '인간의 팔이 1개만 더 있었다면 더 뛰어난 장비들이 개발됐을까?', '만약 사람들이 만족할 만큼 돈이 있다면 평화로운 세계가 진짜 펼쳐질까?' 등의 질문 역시 상상에 기반을 둔 것이다.

'시작이 반이다'라는 말의 원래 의미는 시작하는 게 그만큼 어렵다는 의미지만 나는 다르게 해석하고 싶다. 시작이 반이다란 말을 '시작을 어떻게 하냐에 따라 결과가 달라질 수 있다'로 받아들인다. 질문부터 시작해보자. 남들의 시선은 의식하지 말자. 남의 시선을 신경 쓰기 시작하면 자신의 인생을 바꿀 기회마저 날려버릴 수 있다. 재해석의 재미를 알게 되면 언젠가는 당신의 인생에도 긍정적인 변화의 바람이 불어올지도 모른다.

한 단계 더 발전할 수 있는 습관, 강연과 여행

뜨거운 열정보다 중요한 것은 지속적인 열정이다.

- 마크 주커버그

"사고思考가 바뀌면 행동行動이 바뀌고, 행동이 바뀌면 습관習慣이 바뀌고, 습관이 바뀌면 성격性格이 바뀌고, 성격이 바뀌면 운명運命이 바뀐다."

실용주의 철학자 윌리엄 제임스가 습관에 대해 한 유명한 말이다. 독서도 결국 오래가기 위해서는 '습관 만들기'가 가장 중요하다. 그래서 꾸준히 할 수 있는 자신만의 방법을 만들어야 한다. 습관은 운명까지 바꿀 수도 있는 힘이 있으며, 누구도 빼앗을 수 없는 나만의 자산이 되어준다. 이런 습관의 중요성은 항상 여러 매체와 책들을 통해 언급되는 토픽이기도 하다.

습관이 중요하다는 건 누구나 알지만, 누구나 자신을 돌아보거나 새로운 습관을 만들려고 노력하는 데 집중하기는 쉽지 않다. 책을 읽으려고 하면 꼭 방해가 되는 일이 생기곤 한다. 야근해야 하거나 갑자기 친구들과의 약속이 잡히는 등의 장애물들이 나타난다. 이렇게 무언가를 결심하면 필연적으로 방해하는 것들이 생긴다. 자동차도 엔진이 낡아가는 가혹한 상황들이 발생한다. 이런 상황에서 엔진을 보호하고, 마치 새것처럼 사용할 수 있게 도와주는 게 엔진오일이다. 독서에서도 엔진오일의 역할이 필요한데 강연과 여행이 그 역할을 해줄 수 있다.

강연과 여행 모두 독서에 시너지를 내게 해주는 좋은 수단이다. 강연은 관련 전문가가 지식과 경험들을 공유하는 자리다. 강연은 책과 관련된 더 많은 정보를 생생하게 접할 수 있는 좋은 기회이다. 앉아서 편안하게 들을 수 있고 궁금한 사항도 질문하고 답도 바로 얻을 수 있기에 저자와의 양방향 소통이 가능하다. 더욱 깊이 자신에 대해 생각하는 기회도 가질 수 있다.

그밖에도 간접적으로 강연에 참여하는 방법이 있다. 예를 들어 TED Technology, Entertainment, Design는 미국 비영리 재단에서 운영하는 강연회다. 세계적으로 유명한 셀럽들, 살면서 한번 만나볼까 싶은 기업들의 CEO, 전 세계적인 베스트셀러 작가, 노벨상 수상자들의 15~20분 내외의 짧은 이야기이다.

TED와 같이 국내에서는 〈세상을 바꾸는 시간, 15분〉이라는 강연자리가 있다. 시각장애인 자동차를 개발한 데니스 홍 교수, 아덴만 여명작전 직후 총상을 입은 석해균 선장을 집도해 살려내신 이국종 교수와 같이 각 분야의 전문가와 학자들은 물론이고 일반 시민들까지 무대에 오른다. 이들도 더 좋은 세상을 위한 생각과 아이디어를 전파한다. 그밖에도 〈어쩌다 어른〉, 〈차이 나는 클라스〉, 〈말하는 대로〉 등의 강연 프로그램도 있다. 이처럼 마음만 먹으면 찾아볼 수 있는 강연은 많다.

필자는 학창시절부터 지금껏 삶의 원동력이 필요할 때 강연을 찾곤 한다. 강연을 듣다 보면 놓치고 있던 나의 모습을 발견하기도 하며 도전하지 못한 분야에 과감히 뛰어드는 분들을 보며 분발하게 된다. 그렇게 시도하고 싶어지고 뭔가 해낼 것 같은 에너지를 얻기도 한다. 물론 그 자리를 벗어나서 행동에 옮기는 것이 중요하다. 행동에 옮기지 않은 것들은 온전히 내 것이 아니기 때문에 어느새 증발하여 버리기 쉽다.

필자도 마음만 열정이 타오르고 행동으로는 옮기지 않거나 지속하지 않은 적이 대부분이었다. 재차 마음만 먹는 나 자신을 자책한 적도 있었다. 하지만 진짜 내가 할 수 있는 것과 그렇지 않은 것을 냉정하게 판단하고 해봄으로써 행동에 옮기는 게 조금씩 쉬워졌다.

강연과 달리 여행은 처음부터 끝까지 주체적이어야 한다. 여행지 선택도 다음 도착지를 결정할 때도 중간에 겪는 문제를 해결하는 것도 모두 자신이기 때문이다. 모든 경험을 온전히 자신의 것으로 만들 수 있고 오롯이 자신에게 집중할 수 있는 시간이다. "여행은 다른 문화, 다른 사람을 만나고 결국에는 자기 자신을 만나는 것이다."라고 대한민국의 국제구호활동가인 한비야는 말했다.

독서와 여행은 공통점이 많다. 둘 다 호기심에서 시작되고 새롭고 낯선 것들에 대한 노출을 통해 시야를 확장하고 생각의 폭을 넓힐 수 있다. 보고 듣고 느끼는 모든 것들이 자아의 확장을 불러일으킨다. 여행은 독서를 꾸준히 할 수 있는 부스터 역할을 한다. 책의 배경이 되는 지역이나 저자가 집필할 때 영감을 받은 장소에 대한 발걸음은 독서에 도움을 주기도 한다. 또한, 여행 이후에 읽는 책은 겪었던 경험들을 떠올리고 만났던 순간

들을 그리워하게 해준다.

때론 여행이 책보다 더 큰 깨달음을 줄 때가 있다. 세계를 한 권의 책이라 생각한다면 개인마다 한 페이지씩 지분을 가지고 있는 셈이다. 여행길 위에서 다양한 사람들을 만나며 한 페이지씩 읽어간다. 만났던 사람들과 나눈 대화 속에는 우리네 삶이 녹아있다. 새로운 장소에서 만난 사람과 시간 가는 줄 모르고 대화를 하기도 한다. 처음 만났지만 대화를 통해 책에서 보지 못한 경험을 하며 생각지 못한 깨달음을 얻기도 한다. 여행을 통해 만나는 여러 사람과의 대화는 결국 여러 권의 책을 읽는 것과 같다.

독서를 결심하는 것 이상으로 꾸준히 하는 것이 어렵고도 중요한 포인트이다. 독서는 습관이 되어야 한다. 앞서 말했듯 이때 중간에 포기하지 않게 도와주는 게 강연과 여행이다.

영국의 시인이자 극작가인 존 드라이든은 습관에 대해 다음과 같이 말했다. "처음에는 우리가 습관을 만들지만, 나중에는 습관이 우리를 만든다." 결국, 습관을 위해 노력했던 모든 노력은 습관 이후에 결실을 본다. 독서로 인한 변화가 궁금하지 않은가? '책은 앉아서 하는 여행이며 여행은 걸어 다니면서 하는 독서'라는 혹자의 말처럼, 독서와 여행 그리고 강연을 통해 자신의 삶을 좀 더 풍요롭게 만들어가면 어떨까.

독서는 특별한 계기가 없는 한, 읽어야 할 이유를 깨닫지 못하는 한 지속하기가 힘들다. 인생이 팍팍하고 목표가 없을 때 나와 함께한 것은 독서였다. 아무리 읽어도 변화하지 않는다고 푸념하는 주위 사람들을 볼 때마다 목표 있는 독서를 추천한다. 결과물 있는 독서를 위해서는 독서를 하는 이유가 명확해야 한다.

초보 독자에서 자연스레 독서광이 되는 법

여섯 번째 독서법

A METHOD OF READING

서점에 들어선 그 순간부터 독서는 시작된다

젊은 날의 매력은,

결국 꿈을 위해 무엇인가 저지르는 것이다.

- 앨빈 토플러

연초에는 마음을 다잡고 새로운 목표를 세우기 위해, 여름에는 연인 또는 친구들과 추억을 쌓기 위해, 겨울에는 바닷바람을 느끼기 위해 많은 이들이 여행을 떠난다. 사람마다 바다를 찾는 이유는 가지각색이겠지만 바다를 생각하며 계획을 짤 때면, 그곳에 있는 모습을 상상하는 것만으로도 행복하다. 그래서 필자도 일 년에 한 번 이상 바다 여행 계획을 세운다.

바다로 향할 때면 매번 마음이 두근거린다. 바다는 눈으로 예측하기 힘들 정도의 드넓은 공간이다. 눈에 보이지 않는 저 멀리 수평선까지 물살들이 펼쳐져 있기 때문이다. 얼마나 바다가 깊은지 가늠도 되지 않는다. 바다라는 대자연은 아직 밝혀지지 않은 모습들이 많아 지금까지도 미지의 영역으로 꼽힌다. 심해는 인간에게 마치 욕심부리지 말라는 경고를 하듯 그 공간을 쉽게 내주지 않는다. 그런데도 사람들은 호기심 때문에 포기하지 않고 계속 바다를 연구하는 듯하다.

이처럼 시작을 위해 계획을 세우고 마음먹는 과정이 필요하지만, 시간이 흐를수록 호기심이 발동되는 영역이 바로 독서다. 독서는 직장 생활에서 이루고 싶어 하는 일에 항상 포함된다. 그만큼 쉽게 결심이 리셋Reset되는 항목이다. 책을 읽고자 마음을 먹을 때 핵심은 서점을 가는 것이다. 서점으로 향하는 것은 독서를 결심하는 것과 비등하게 중요하다. 때론 그 이상의 의미가 있기도 하다. 물론, 마음먹는 게 첫 단계라고 생각할 수 있다. 하지만 실질적으로 행동으로 이어지는 첫 단계가 서점에 가는 일이다.

독서가 매년 버킷리스트에 포함되는 이유는 결심이 행동으로 이어지지 않기 때문이다. 이때 중요한 건 서점 갈 때 마음가짐을 가볍게 하는 것이다. '서점의 외관이 예쁘네, 한번 들어가고 싶다.' '요즘 이 책을 많이 읽는다던데 한번 구경해볼까?' 'SNS에서 소개한 가볼 만한 북 카페가 있던데, 나도 가서 찍어서 올리고 싶다' 등의 어떠한 이유도 상관없다. 서점은 어떤 독자에게도 구매를 강요하지 않는다. 스스로 '서점에 가면 무조건 한 권 사야지'라고 생각하는 것이 발걸음을 어렵게 할 뿐이다.

솔직히 매일 서점에 가는 건 누구에게나 힘든 일이다. 그래서 나도 주 단위로 가보기 시작했다. 그리고 여태껏 습관처럼 하고 있다. 서점 문 앞까지 갔다가 돌아온 적이 있으며, 들어가더라도 책을 구매한 날보다 그냥 구경하고 나온 날이 압도적으로 많았다. 이처럼 서점을 굳이 이유가 있어서 들르는 장소라는 인식에서 벗어나야 한다.

어떤 이는 독서는 '책을 사서 읽기 시작할 때부터'라고 말한다. 나는 그렇게 생각하지 않는다. 이런 인식이 독서를 어렵게 생각하게 하고 쉽게 포기하게 만든다. 소위 책 좀 읽거나 즐기는 사람들은 책과 관련된 모든 것을 좋아하며, 독서를 '읽기' 행동에 국한하지 않는다. 친구를 기다리기 위해 서점에 들어가 잠시 쉬는 시간, 책을 고르러 다니는 발걸음은 물론이고 굳이 사지 않아도 표지만 보고 나왔던 시간은 모두 독서에 포함된다. 아무리 책에 관심이 없다고 해도 서점에 계속 가보는 건 효과가 있다. 시야에 펼쳐진 수많은 책 중 한 권은 조금이라도 읽어보게 되기 때문이다.

처음에는 가장 화려하고 입구에서 가장 가까워 먼저 보이는 베스트셀러 섹션으로 향할 것이다. 나도 그랬다. 서점 방문 빈도가 늘어날수록 다른 책에 눈을 돌릴 여유가 생긴다. 베스트셀러 영역에 국한되지 않고 분야별로 있는 매대로 향한다. 결국, 매대 뒤에 있는 서재에 꽂혀있는 책으로까지 시선이 간다. 다시 말해 시선의 확장이 일어난다. 보이던 곳에만 국한되던 시선이 자연스럽게 다른 곳으로 옮겨가는 것이다.

주변에서 종종 듣는 이야기 중 하나가 '기존 대형서점은 배열이나 배치들이 답답하고 분위기가 건조하다, 이런 분위기는 서점에 가서 읽고 싶은 마음을 접게 만든다.'였다. 그때마다 추천하는 장소는 바로 '독립서점'이다. 현재는 콘셉트를 가진, 특색 있는 독립서점들이 인기를 얻고 있다. 인기를 증명하듯 정말 다양한 독립서점들이 생기고 있다. 본인의 취향과 맞거나 끌리는 서점으로 향해보라. 책에 접근하는 방식을 새로이 느낄 수 있으며 가볍게 독서를 시작할 기회를 갖게 될 수도 있다. 나도 종종 특이한 책이나, 세상에 한 권밖에 없는 책 등 대형서점에서 구할 수 없는 책을 사려고 일부러 찾아가곤 한다.

• 어떤 '분야별' 카테고리가 아닌, 서점 주인 취향대로 책을 진열하는 서점

- 주인이 여행 덕후라 책에 나오지 않는 특별한 장소를 추천받을 수 있는 서점
- 손님들이나 지인들이 의견을 담아 놓은 것이 책마다 하나씩 담겨있는 서점
- 치킨과 맥주가 아닌 책과 맥주(북맥)를 즐기면서 대화를 나눌 수 있는 서점
- 저자와의 만남, 현악 연주, 요가 등 다양한 활동을 할 수 있는 서점
- 미술작품들을 전시해 놓아서 마치 미술관에서 책을 읽는듯한 기분이 드는 서점
- 옹기종기 모여앉아 대형영화관에서 상영하지 않는 영화를 볼 수 있는 서점

이외에도 예를 들어, 서울의 경우 영화관에 있는 '명동 씨네 라이브러리', 여행에 대한 새로운 감각을 체험하는 '현대카드 트래블 라이브러리', 회사에서 만든 공용독서 공간인 '네이버 라이브러리', 코엑스에 있는 '별마당 도서관'까지 다양하다. 이런 공간은 대형서점에서 느껴볼 수 없는 낯설지만 가보고 싶은 느낌을 선사한다.

"장소가 달라지면 나쁜 쪽이든 좋은 쪽이든 사람도 달라진다."라고 말한 알랭 드 보통처럼 장소는 사람 행동에 중요한 역할을 한다. 신경과학과 건축 및 환경 설계를 접목해 심리 지리학으로 유명한 콜린 엘러드는 《공간이 사람을 움직인다》에서 장소와 행동의 연관성에 대해 다음과 같이 말했다.

"사람들은 성베드로 대성당과 같은 유명한 장소에 가게 되면 압도당하고 없던 신성한 믿음이 생긴다."

그만큼 인간이 만든 공간이지만 공간이 인간을 만들기도 한다. 동네서점들을 통해 서점 이미지를 바꿔보자. '어려움, 딱딱함, 무거움'과 같은 이미지가 아닌, '재밌고, 즐겁고, 놀러 가는' 장소로 바뀌는 데 도움이 될 것이다. 장소에 대한 인식 변화를 시작으로 독서에 대

해 좀 더 가벼운 마음으로 접근해보자. 그렇게 서점에 들이는 한 발자국을 내딛는 것부터 시작하여 차차 독서의 즐거움은 알아가면 된다.

누구나 읽는 책이 나에게도 베스트북은 아니다

인생에는 진짜로 여겨지는 가짜 다이아몬드가 수없이 많고,
반대로 알아주지 않는 진짜 다이아몬드 역시 수없이 많다.
- 타거 제이

'혹시 여러분들도 집 어느 곳에 모셔놓고 있지는 않나요?'
'집안 인테리어 소품으로 꽂아 두지는 않나요?'
'아니면 라면의 받침대로 사용하고 있지는 않나요?'

많은 사람이 베스트셀러 판매량과 입소문에 혹해 구매하지만, 시도만 하고 끝까지 읽지 않는다. 현대인들이 겪고 있는 햄릿증후군과 같은 선택장애도 상당한 영향을 미친다. 책을 읽고 싶지만 '좋은 책'을 찾기 위해, 선택의 실수를 줄이기 위해 방법을 찾는다. 그리고 가장 효율적이라고 판단되는 베스트셀러 섹션에 간다. 그렇게 베스트셀러의 함정에 빠지고 책을 읽고자 했던 마음은 몇 달 뒤 아니면 내년의 일로 기약되며 점차 사라진다.

2014년 하버드 대학교 마이클 샌델 교수는 《정의란 무엇인가Justice》를

세상에 공개했다. 발간이 되기 무섭게 전 세계적인 베스트셀러로 선정되었고, 한동안 꾸준히 그 자리를 지켜왔다. 워낙 다양한 매체에서도 광고를 했었고, 입소문 때문에 나를 포함한 많은 사람이 구매했다. 유명세뿐만 아니라 남들 시선을 신경 쓰는 것도 한몫한 것 같다. 책을 읽지 않았던 나에게는 '나도 이 정도 책을 읽는 사람이야'라고 보여주는 아이템이었다. 멀리서 봐도 큼지막하게 'JUSTICE정의'라고 쓰여 있어 누구나 알 수 있기 때문이다. 하지만 첫 장을 펼치고 얼마 지나지 않아 덮어버렸다. 비장하게 시작했지만 한 장 넘기기에도 내용이 어려웠기 때문이다.

《정의란 무엇인가》에 내 손길이 닿은 건 3번쯤이었다. 서점에서 이 책을 집었을 때 한 번, '읽어보자' 하는 마음을 가지고 펼쳤을 때 한 번, 라면을 끓이고 받침대가 보이지 않아 대신 사용했을 때 한 번인 듯하다. 지금은 집 어느 구석에 고스란히 놓여 흐른 시간만큼 먼지만 쌓여 가고 있을 것이다. 이 책의 '완독' 비율은 얼마나 될까? 아마 이 질문을 받고 당당하게 "네! 끝까지 읽었습니다."라고 할 수 있는 사람은 몇 명 없을 것이다. 주변에만 물어봐도 쉽게 "아니, 어디에 있는지도 모르겠다."라는 답변을 들을 수 있었다.

베스트셀러는 짧은 기간에 많이 팔린 책을 말한다. 18세기 출판업자였던 디드로Diderot,Denis가 처음으로 거론한 단어였고, 패스트 셀러Fast Seller, 빅 셀러Big Seller, 밀리언 셀러Million Seller 등으로 불렸다. 출판사에서는 어느 책이 베스트셀러가 되는지 알 수 없기 때문에 상업성과 상품성에 초점을 맞춰 책을 펴냈다. 이런 책들은 겉만 번지르르하고 속은 텅 빈 강정 같은 것이 대부분이었다. 출판사들은 베스트셀러에 목숨을 걸기 시작했고 마케팅 활동에 상당한 금액을 투자했다. 심지어 사재기까지 하면서 독자들의 선택권에 영향을 주기 시작했다.

물론, 베스트셀러는 많은 사람게에 사랑을 받기 때문에 좋은 책일 가능성이 높으며 실제로도 좋은 책들이 많다. 요즘 출판되는 책 중 평소에 부족하다고 생각했던 부분을 공감이 되는 말로 위로해 주거나, 원하는 부분을 정말 속 시원하게 긁어주는 것들이 선택받는다. 하지만 출판사의 욕심 때문에 처음부터 도전하기 어려운 내용으로 구성되거나 겉만 화려하고 실속이 없는 것들로 나열한 책도 있다. 이런 책들로 인해 읽기를 포기하거나 자신에게 실망하는 사람들이 많다. 실제로 주변에 물어봤을 때 '재미없어서, 어려워서, 잠이 와서' 등의 이유로 포기한다는 답변을 들을 수 있다.

그만큼 다수의 독자는 아직 자신에게 맞는 책 고르기를 어려워한다. 그렇다면 진정으로 나에게 맞는 나만의 베스트셀러를 어떻게 고를 수 있을까? 많은 독서가가 언급하는 사항은 '많이 읽어라'이다. 많은 책을 접해야 자신의 판단 기준이 만들어져 다음부터 선택오류를 줄일 수 있기 때문이다. 그렇지만 독서에 익숙지 않다면 다음의 방법을 참고해보기 바란다.

첫째, 책 관련 방송, 인터넷 그리고 각종 매체를 활용한다.

온라인에서 가장 쉽게 찾을 방법은 블로그이다. 포털 사이트에 책 제목만 쳐도 수십 개 이상의 블로그 글을 볼 수 있다. 이 중 홍보성으로 올리는 블로거도 있기 때문에 선택에 주의해야 한다. 장점만 나열한 글로 인해 선택오류를 범할 수 있기 때문이다. 그래서 책에 대한 칭찬과 비판이 어우러진 글을 추천한다. 신문을 읽는 독자라면 책에 대한 소개 및 평가들을 써놓는 섹션을 권한다. 또한, SNS를 통해서도 도움을 얻을 수 있다. 페이스북에는 책과 관련된 페이지가 수두룩하다. 〈책은 습관이다〉,

〈책벌레〉 등 페이지마다 특색을 가지고 책 정보를 공유한다. 여러 채널 중 각자 취향에 맞춰 선택해 책을 구매할 때 참고하면 상당한 도움을 받을 수 있다.

둘째, 책을 많이 읽는 이들에게 조언을 구한다.

주변에 책을 좋아하는 사람이 있다면 그들에게 조언을 구해보는 것이다. 바로 '지인 찬스'를 활용하는 방법이다. 물론, 주변에서 나에게 딱 맞는 책을 조언해 줄 사람을 찾는 건 쉽지 않다. 그만큼 조언을 구할 사람이 있다면 행운이다. 심지어 추천인과 취향이나 좋아하는 것 등에 대해 공감하는 부분이 많다면 금상첨화다. 책을 추천해 줄 사람이 없다면 차선책이 있다. 좋아하는 저자의 SNS 계정을 참고하는 것이다. 주관적인 글 내용이 많지만 책 내용이나 난이도에 대한 힌트를 확인할 수 있다. 피드인스타그램에서 나누는 메시지나 메시지를 보내서 추천받는 것도 한 방법이다. 실제로 답장받는 경우가 상당히 있다. 운이 좋으면 저자와 만날 기회도 모색할 수 있다. 책을 좋아하는 사람은 두꺼워도, 길어도, 어려운 내용이어도 읽는다. 그만큼 많은 시행착오를 겪었기 때문에 나에게 어울릴 만한 책을 추천해줄 확률이 높아진다.

사람마다 다른 생각과 가치관들을 가지고 있으며 자신만의 기준을 세우고 살아간다. 가치관은 두 가지 측면을 내포하고 있다. 하나는 행위의 옳고 그름을 판단하는 도덕적 판단의 기준이며, 나머지 하나는 어떠한 상태가 행복한지 불행한지를 판단하는 것이다. 두 가지가 한 데 어우러져 생활 속에서 혹은 행동을 판단하는 데 있어서 기준이 된다.

어떤 매체를 통해 또는 주변 사람을 통해 듣는 정보는 참고 대상일 뿐이다. 어느 누구도 강요할 수 없다. 그 사람에게는 베스트 북일 수 있어도 나에게는 아닐 수 있다. 역으로 나에게 베스트 북이라고 해도 상대방에게는 아닐지도 모른다. 따라서 온전히 나만의 기준을 가지고 판단하는 것이 중요하다. 누구나 읽고, 누구나 읽고 싶어 하는 책이 베스트 북은 아니기 때문이다.

가치관은 나만의 기준을 만들어 준다. 누군가에게는 어렸을 때 읽었던 동화가, 누군가에게는 학창시절 친구들과 함께 가서 읽었던 만화책이, 누군가에게는 패션, 자동차 등에 관심이 있어서 읽고 있는 잡지가, 누군가에게는 많이 알려지지 않았지만 나만 알고 있는 책이 베스트셀러일 수 있다. 판단하는 기준은 나에게 있고 내가 즐거운 책이 진정한 나만의 베스트 북이다.

A METHOD OF READING

책의 설계도, 목차로 파악하는 한 권의 책

다룰 줄 모르면 소유하는 것이 아니다.

- 괴테

“몇 페이지 펴고, 1단원 시작한다.” 또는 “목차는 이렇고, 1단원 펼쳐보자.” 학창시절 새 학기가 시작되고 새 책을 받아 수업을 시작하면 대부분 선생님은 다음과 같이 말씀하셨다.

중학교 3학년 겨울방학, 고등학교를 배정받고 새로운 마음가짐으로 공부를 시작하기 위해 서점에 들렀다. 아무런 망설임 없이 《수학의 정석 10-가》를 집어 들었다. 두꺼운 책을 보니 고등학생임을 실감할 수 있었다. ‘고등학교는 수업을 따라가기 힘드니까 예습을 한번 해보자!’라는 생각으로 책을 펼쳤다. 목차를 사뿐히 넘기고 맞이한 단원은 ‘집합과 명제’였다.(참고로, 지금은 교육과정이 바뀌어서 다른 단원으로 시작될 수 있다)

집합 정의부터 하나씩 읽어 나갔고, 열심히 밑줄을 그으며 정리했다. 핵심단어는 형광펜으로 칠하고, 별 표시를 많이 했다. 두 페이지를 더 하려고 할 때, '공부는 한 번에 많이 하는 게 아니라, 매일 꾸준히 하는 게 중요하다'라는 말이 생각났다. 그렇게 그날 책 보기는 강제 종료되었다.

다음날 '공부 잘하는 사람은 복습을 잘해'라는 말이 떠올라 집합의 정의부터 다시 시작했다. 그러다 보니 2, 3단원도 보지 못하고 그렇게 방학은 끝이 났다. 고등학교 입학 후 자습을 시작하면서 정석 책을 꺼냈다. 책 옆면을 봤을 때 손때가 탔는지 앞부분만 거무스레 색칠되어 있었다. '나만 그런가?' 하는 생각으로 주변을 살펴봤다. 나만 그렇지 않다는 걸 바로 알 수 있었다. 절반 이상은 모두 같은 마음이었는지 앞부분만 손때가 타 있었다.

이런 행동에 대해 '초심 역치'이라 칭하고 싶다. 해보고 싶지만 처음 부분에서만 힘이 날 뿐 그 이상 진도를 나가지 못하기 때문이다. 무조건 처음부터 읽는 게 잘못된 건 아니다(소설은 처음부터 읽어야 하는 작품이 많다). 하지만, 처음부터 하려는 강박관념이 생각보다 많은 걸 포기하게 만든다. 이렇게 '처음부터'에 사로잡혀 첫 장부터 읽다 보면 종종 남은 페이지에 대해 신경이 쓰인다. 책에 집중하기 힘들게 만들고, 진도가 안 나가는 본인에 대해서도 답답함을 느끼기도 한다. 이런 일이 반복되면 독서에 지친다. 그렇게 '책은 나랑 안 맞는구나' 생각하며 펼친 책을 고스란히 덮는다.

책을 집필하는 사람은 저자이다. 본인의 경험이나 전달하고자 하는 메시지를 담기 위해 많은 시간을 들인다. 출판까지 하나씩 퍼즐을 맞춰가듯 작품을 만들어 간다. 그렇게 저자는 책 주인으로서 끝까지 온 힘을 다한다. 하나씩 맞춰지며 완성된 책은 독자가 구매하는 순간 퍼즐이 다시 시작된다. 펼쳐져 있는 조각들에서 선택하는 것부터 시작한다. '어떤 조각에서부터 시작해야 한다.'라는 법칙은 없다. 퍼즐을 채우는 방법은 사람마다 다르다. 큰 그림을 추론해서 덩어리로 시작하는 사람이 있으며, 구석에서부터 차근차근 채워가는 사람도 있다. 마음이 가는 대로, 끌리는 대로 시작한다. 정확히 퍼즐의 시작점을 모를 때, 목차는 충실히 길라잡이 임무를 수행한다.

작가는 책을 집필할 때 목차 작성에 굉장한 시간을 투자한다. 헤밍웨이는 "작가는 인테리어 디자이너라기보다 건축설계자이다."라고 했다. 목차는 작가가 작성한 책의 설계도면이다. 이 도면을 가지고 집을 짓듯 작가도 하나씩 하고자 하는 말들을 풀어간다. 목차는 짧고, 간단하고, 쉬운 단어를 이용한 가장 강력한 문장이다. 마치 시험 기간 마지막으로 보는 '벼락치기 족보'같은 역할을 한다. 이런 목차는 다양한 기능을 수행한다.

첫째, 의외의 부분에서 일독의 경험을 하게 한다.

일독의 방법은 참 다양하다. 그중 목차를 정독하는 것도 일독이다. 목차는 책 내용을 압축해서 뽑아낸 엑기스이기 때문이다. 목차만 처음부터 끝까지 잘 읽어도 책 한 권을 읽은 느낌을 받는다. 책을 처음부터 끝까지 읽는 것에 관해 부담을 가지는 이들에게 우선 목차 정독을 권한다. 목차정독을 통해 큰 그림을 그리고 시작해보면 상당한 도움을 받는다. 이런 사실을 알고 있는 다독가와 애독가는 목차를 꼼꼼히 읽는다. 틀린 것은 아니지만 책에 익숙지 않은 독자는 내용부터 읽어나가곤 한다. 꼭 처음부터 끝까지 읽어야 한다는 것이 아니며, 목차를 읽으므로 충분히 책에 다가서기가 가능하다.

둘째, 책 내용을 파악하는 빠른 방법이다.

영화를 보기 전, 예고편을 찾아서 보는 경우가 있다. 예고편은 대강의 흐름을 파악할 수 있는 장치다. 어떤 인물이 등장하고 사건은 어떻게 흘러

갈 것이며 어떤 식으로 결론이 맺어질지에 대해 추론할 수 있기 때문이다. 정확히 100% 맞게 진행되지 않지만 개요를 갖는 데 도움이 된다. 책 목차도 영화 예고편과 같은 역할을 한다. 독자는 목차를 읽으며 책에 대한 큰 그림을 그릴 수 있으며 내용을 예상할 수도 있다.

셋째, 구매 척도를 판가름하는 비법이다.

책을 구매할 때, 표지 디자인과 제목만 보고 소위 충동구매를 하는 경우가 있다. 이렇게 구매하는 책이 성공하기도 하지만, 종종 실패를 안겨주기도 한다. 이럴 때, '책을 사야 하나'를 판가름하는 방법이 목차 읽기다. 목차를 통해 제목으로 유추한 내용과 실제로 흘러가는 방향의 다름 여부를 파악할 수 있다. 표지랑 제목만 보고 구매하는 것보다는 몇 장 넘겨 목차를 한 번 읽으면 시행착오를 줄이게 된다.

컴퓨터 프로그램 개발자가 사용하는 '편집하며 계속하기'라는 기능이 있다. 이 기능은 컴퓨터 버그 수정을 도와주는 역할을 한다. 컴퓨터 프로그램에 버그가 있다면 응용프로그램을 중지하고 코드를 변경한 다음에 다시 시행해야 한다. 하지만 편집하며 계속하기를 이용하면 중지할 필요는 없다. 목차 읽기도 이런 기능을 수행한다. 책을 읽다가 흐름에 혼돈이 오면 참고하고, 방향을 다시 잡을 수 있다. 이렇게 평소 쉽게 지나쳤던 목차는 독서에 중요한 역할을 한다. 읽었던 책들도 목차를 다시 보면 내용이 새록새록 기억나는 경험을 할 수 있다. 목차를 길잡이 삼아 잘 들춰보지 않았던 책도 다시 읽어 보면 새로운 즐거움을 느낄 수 있을 것이다.

독서란 저자와 나란히 앉아 책을 읽어나가는 과정이다

기회는 누구에게나 있다. 다만 포착하지 못할 뿐이다.

- A.카네기

"같이 가는 사람이 없어, 눈치 보지 않고 내 맘대로 할 수 있어 좋다."

혼자 여행하는 것을 즐기는 한 지인의 말이다. 직장생활을 하다 보면 나 자신을 잊고 살아간다. 사람들과 원만하게 활동하는 '다른 사람이 바라보는 나'만 남기기에 급급하다. 혼자만의 시간은 주어지지 않은 채 살아가다 보면 쉽게 지친다. 그래서 많은 이들이 고독을 즐기기 위해, 진정한 나를 찾기 위해 여행을 떠난다.

고독은 사전적으로, '다른 사람들과 접촉, 관계, 연락이 없이 홀로된 상태를 일반적으로 가리키는 말'이다. 과거 고독은 부정적 의미로 사용되었다. 하지만 최근에는 고독에 대한 의미를 다시 생각하게 된다. 고독은 나에게 집중하는 시간이고 사유의 시작이며 자기성찰 기회를 가지는 시간이다. 그렇게 진정한 나를 찾아간다. 자아를 잃은 사람은 자신이 무엇을 하는지도 모른 채 헤맬 수밖에 없다. 내면을 충실히 다져야 능력을 발휘할 수 있다.

길을 가다 접하는 음악은 고독의 산물이다. 특히, 사랑하고 있는 인연의 이야기나 이별의 아픔을 담은 노래는 고독을 통해 탄생한 경우가 대다수다. "외로움이란 혼자 있는 고통을 표현하는 말이고, 고독이란 혼자 있는 즐거움을 표현하는 말이다."라고 신학자 폴 틸리히는 말했다. 고독은 외로움이 아니며 나쁜 것도 아니다. 고독은 오히려 행복이다.

책을 읽을 때 필요한 건 주체적인 자신이다. 온전히 그 시간 그 장소에 그 책과 읽는 주체인 나라는 존재만 있다. 책을 통해 '나'에게 집중하는 시간을 갖는다. 독서를 시작하는 환경이 시끄럽고 어수선해도 어느 순간 책의 내용에 집중하는 순간이 온다. 어느 것도 방해하지 않는 상태가 조성되는데 이게 바로 고독이다. 책을 읽으며 고독의 순간을 맞이하게 되고, 마치 저자와 함께 있다는 느낌까지 받는다.

책을 읽기 시작하고 1년간 시도한 독서 방법은 1시간 일찍 출근하기였다(회사가 일찍 출근해서 자신의 시간으로 활용할 수 있는 분위기면 추천한다). 아무도 없는 고요한 사무실은 책 읽기 적합한 장소였다. 온전히 나에게 집중할 수 있었으며 집중력도 높아졌던 시간이었다. 어쩌면 적적하다고 생각할 수 있는 시간이지만 오히려 많은 책을 만나볼 기회이기도 했다. 특히 회사가 외곽에 있기 때문에 맑은 공기와 새소리까지 들려 마치 숲속에서 읽는 느낌까지 경험할 수 있었다. 이는 독서에 익숙해진 지금도 느끼는 소중한 경험이다.

요즘은 저자와 만날 기회가 많이 생기고 있다. 저자가 스스로 작품을 읽어주기도 하고 집필할 때의 상황, 생각들을 공유하기도 한다. 이런 일은 실제 저자를 만나지 않아도 할 수 있다. 책을 읽으며 충분히 가능하다. 저자와 나란히 앉아 읽는 것은 어려운 일이 아니다. 시는 명확히 작가마다 수행한 관찰의 결과이기에 같은 소재에 대해 다양한 관점이 보인 작품이다. 어렸을 때 어머니가 재워주시기 전 옆에서 읽어주는 듯 따뜻한 작품도 있고, 전쟁터에서 횡하게 남은 참상들에 대해 울부짖듯이 말하는 작품도 있다. 시를 읽을수록 작가와 동화된다. 저자가 마치 내 옆에서 보듬어 주기도하며 같이 호소하기도 한다. 그렇게 내용에 공감하기도 하고 반문도 하면서 시를 읽어 나갈 수 있다.

여행 에세이는 작가가 당시 느낌과 생각을 통해 바라본 시선으로 구성된다. 객관적으로 작성된 여행 가이드 보다는 주관적인 설명에 가깝다. 마치 작가가 동행자처럼 하나씩 조곤조곤 설명해주는 느낌이다. 독자는 설명 대상을 음미하면서 상상의 나래를 펼친다. 가봤던 장소면 더욱 활발한 대화가 이어진다. 글을 보고 '어? 나는 그렇게 안 느꼈는데?'라면서 서로 생각을 나눈다. 마치 같은 공간에 있는 사람처럼 대화를 나눌 수 있다.

학창시절 접했던 문학작품은 음미하기 위한 것이 아닌 작가 의도를 파악하기 위한 글일 뿐이었다. 소재, 문장의 의미를 외우고 시대상에 맞춰 해석했다. 그리고 암기를 통해 시험문제를 풀어갔다. 작품을 쓴 시인도 모르는 답을 요구하는 교육 시스템에 익숙했다. 참 아이러니한 상황이다. 직장에서 상사의 숨겨진 의도를 파악해야 '센스있다'라고 칭찬받는다. 이런 환경 속에서 지내는 직장인으로서는 학창시절 받았던 교육이 의도된 것처럼 느껴질 때가 있다. 이런 이유에서인지 성인이 되어 작품에 '동화된다', '음미한다' 는 것에 낯설어한다. 어떻게 그런 게 가능하냐며 반문부터 한다. 가능하더라도 책을 많이 읽는 사람들이나 작가들에게만 해당한다고 생각한다. 하지만 시작한 지 얼마 안 된 초보 독자도 충분히 가능하다.

살아온 환경이 다양한 만큼 그 이상 관점과 생각이 존재한다. 작품을 보고 저자와 다르게 생각할 수 있다. 틀린 게 아니라 다른 것일 뿐이다. 오히려 저자는 독자 스스로 세계를 펼쳐보라고 의도하는 것일지도 모른다. 독서를 위한 자신 만의 시간을 마련하고 무한한 상상과 다양한 해석으로 즐거운 시간을 가져보는 건 어떨까.

책 속의 책을 만나는 확장 독서의 힘

우리 중 어느 누구도 우리 모두를
합친 것만큼 현명하지 않다.
- 켄 블랜차드

어김없이 오늘도 사람들과 대화를 나눈다. 예능이나 드라마 같은 시시콜콜한 이야기이다. 매일 반복되는 주제에 별로 의미 없는 대화로 느낀다. 대화를 위한 공통분모가 없기 때문이다. 다양한 사람들과 만남이 이뤄지고 있는 현대 사회에서 지식에 갈증을 느낀다. 부족한 지식을 채우기 위한 지적 호기심은 증가하고 있다.

독서, 시작은 어렵지만 다음 책 선택도 어려운 일이다. '다음 책을 뭐 읽어야 하지?' '어떤 책을 읽어야 더 유익하고 재밌을까?' 이런 고민을 하게 된다. 질문을 던지는 것도 책이지만, 답을 내주는 것도 책이다. '책이 책을 부른다.'라는 말이 있다. 이걸 소위 '확장 독서'라고 부른다. 이는 중요한 포인트인데, 독서를 멈추게 할 수도 있고 나를 발전시킬 수도 있기 때문이다. 확장 독서를 하는 방법을 크게 두 가지로 나눌 수 있다. 넓이와 깊이의 관점이다. 다시 말하면 넓이는 책 분야의 다양성을 지칭하며 깊이는 한 분야의 심도 있는 단계성을 말한다.

2017년 꾸준히 인문사회 분야에서 관심을 받은 《지적 대화를 위한 넓고 얕은 지식》은 이를 단편적으로 보여준다. 또한, tvN에서 진행된 〈알쓸신잡알아두면 쓸데없는 신비한 잡학사전〉 프로그램은 케이블 방송이지만 많은 시청자들의 선택을 받았다. MC 유희열을 필두로 잡학박사 유시민 작가, 맛 칼럼니스트 황교익, 소설가 김영하, 뇌 과학자 정재승이 식사하면서 나누는 대화에 시청자들은 환호했다. 이들은 전문용어들을 쉽게 설명해주며 시청자들의 지적 갈증을 풀어줬다. '아는 만큼 보이고 보이는 만큼 느낀다.' 라는 말이 있다. 이를 실현해 주는 것이 바로 '넓이' 관점의 독서다.

첫째, 모르는 것을 알아가는 즐거움이 있다.

책을 포기하는 이유 중 하나가 지루함이다. 이를 해결할 수 있는 건 새로움이다. 《명견만리》, 《지식채널e》, 《지적 대화를 위한 넓고 얕은 지식》 등과 같이 각 다른 분야 지식을 모아놓은 책들이 있다. 서로 다른 소재를 다루고 있기 때문에 지루할 틈이 없다. 책을 읽음으로써 새로운 지식을 알아가는 즐거움이 크게 다가온다.

둘째, 관점이나 생각 범주가 확장되며 비판적인 독서가 가능해진다.

다양한 책은 낯선 자극을 선사하고 익숙한 것들에게서 다른 방향으로 보는 능력을 확장해준다. 다양한 주제의 글들은 그만큼의 시야를 넓혀준다. 독서는 저자가 쓴 내용을 일방적으로 받아들이는 게 아니다. 오히려 자신의 입장에서 비판하면서 읽는 게 진정한 독서다. 책은 독자들에게 재료만 제공할 뿐이다. 이때, 넓은 독서를 통해 많은 소재의 글들을 익힘으로써 진정으로 나만의 관점이 생겨 비판적인 독서가 가능해진다.

문제해결 방법 중 5WHY가 있다. 문제가 발생했을 때 근본 원인을 찾기 위해 WHY를 5번 반복하는 것이다. 꼬리에 꼬리를 무는 형식으로 원인을 찾아간다. 미국 워싱턴 D.C에는 3대 대통령인 토머스 제퍼슨을 기념한 제퍼스 기념관이 있다. 어느 날 기념관의 대리석 부식이 빠르게 진행되는 것을 목격하였다. 새로 부임한 기념관장은 직원들에게 '왜'라고 질문하면서 다음과 같이 해결책을 도출했다.

첫 번째 질문, 왜 대리석들이 빨리 부식될까?

대답은 대리석을 비눗물로 자주 씻기 때문에 부식이 발생한다고 하였다.

두 번째 질문, 왜 비눗물로 자주 씻는가?

대답은 비둘기 배설물 때문에 비눗물로 자주 씻는다고 하였다.

세 번째 질문, 왜 비둘기들이 많이 오는가?

대답은 비둘기의 먹이인 거미가 많이 오기 때문이라고 하였다.

네 번째 질문, 왜 거미들이 많이 오는가?

대답은 거미들의 먹이인 나방이 많이 오기 때문이라고 하였다.

다섯 번째 질문, 왜 나방은 몰려드는가?

대답은 황혼 무렵 점등되는 기념관 불빛이 원인이라고 하였다.

결국 질문을 통해 점등을 일찍 해서 나방이 몰려든 것이 근본원인임을 알게 되었다. 결국 2시간 늦게 켜는 것으로 문제를 해결했다. 5WHY법의 핵심은 진화되고 심화된 생각이다. 이는 깊이의 독서로 대응될 수 있다. 단, 깊이 독서는 '수준에 맞는' 혹은 '쉬운' 책에서부터 시작해야 한다. 그렇지 않으면 학창시절 잘못된 선행학습으로 수포자수학을 포기한 자가 되는 것과 같은 상황이 독서에서도 생긴다. 어떤 일이든 기초부터 심화까지 존재한다. 단계별 지식을 쌓아야 지식 공복도 채우고 지식 간극도 줄일 수 있다. 물론 처음 시작에는 시간이 오래 걸린다. 쌓아갈수록 독서 시간은 점차 단축된다. 기본 내용이나 반복된 사항은 읽지 않아도 되기 때문이다. 심지어 같은 내용을 보더라도 반복으로 기억 속에 오랜 시간 남길 수 있다.

"한 권만 읽는 사람이 가장 무서운 사람이다."라는 말이 있다. 한 권만 읽게 되면 그 세계가 진짜라고 믿게 되기 때문이다. 세상을 살아감에 있어서 다양한 사고가 있기에 많은 책을 접하는 것은 중요하다. 단, 한 분야만 읽는 깊은 독서만 하는 것도 바람직하지 않다. 자신이 확장해서 세운 세계가 전부인 줄 알게 되기 때문이다. 진정한 확장독서를 위해서는 적당한 깊이와 넓이가 공존해야 한다.

방 냄새를 잡기 위해 향초를 켠다. 향초 주변에서만 머물 것 같은 향은 어느새 방을 가득 채운다. 일상생활에서 접하는 확산의 예다. 저자는 책을 통해 좋은 작품을 확산하고자 한다. 대부분 책에는 참고했거나 인용한 문헌이 있다. 뜬금없이 작품을 언급하는 것이 아니다. 글 문맥상에서 도움받을 수 있거나 사고 확장을 할 수 있는 책들이다. 이렇게 한 권에서 여러 책을 만날 기회는 언제나 있다. 읽어 본 책도 다시 들춰보자. 자신도 모르게 지나친 좋은 책들이 있을지도 모르니까 말이다.

비우는 힘은 결국 채우는 힘이 된다

허물이 있다면 버리기를 두려워하지 말라.

- 공자

페이스북 창시자 마크 저커버그의 시그니처 복장은 유명하다. 그는 대부분 행사에 회색 티셔츠와 청바지를 입고 나타난다. 각종 매체를 통해 접하는 사진을 보면 마치 Ctrl C, Ctrl V한 느낌이다. 그가 두 달간 육아휴직을 마치고 출근하면서 페이스북에 올린 사진은 큰 화재였다. "복직 첫 날, 뭘 입지?First day back after paternity leave. What should I wear?"라는 멘트와 사진 한 장이 올라왔다. 사진에는 회색 셔츠가 나란히 배열된 옷장이 있었다. 스스로 공개한 옷장에서 단벌 신사임을 드러냈다. 물론, 검정 터틀넥 티셔츠에 청바지로 유명한 스티브 잡스도 있다. 이런 단벌 패션을 고수하는 CEO를 보고 '왜 항상 같은 옷만 입을까?' 사람들은 궁금해했다. 이에 대한 마크 저커버그의 대답은 이랬다.

"페이스북 사용자들을 어떻게 하면 가장 잘 섬길 것인가 하는 것을 제외

하면, 뭐든지 결정을 내려야 할 사항을 줄일 수 있도록 내 생활을 단순화하고 싶습니다."

이들에게 옷은 선택 대상이다. 그렇기에 같은 옷을 입는 이유는 선택 피로를 줄이기 위함이다. 간결함을 통해 본질에 집중했으며, 더욱 더 나은 서비스와 더욱 더 좋은 제품을 만들었다. 사람들은 이런 모습에 열광했다. 옷뿐만 아니라 생활 모습도 조명받았다. 집안에 사치품이 가득 채워져 있을 것 같은 예상과는 달리 깔끔했다.

스티브 잡스도 생전에 자서전을 통해 사진 한 장을 공개했다. 거기에는 그의 방 모습이 담겨 있었고, 내부에는 스탠드와 혼자 앉을 수 있는 크기의 방석뿐이었다. 그의 생활, 개발한 아이폰 모두 미니멀리즘의 영향이 상당한 것을 알 수 있다.

미니멀리즘의 모습은 우리나라 회화미술에서 찾을 수 있다. 바로 동양회화의 여백이다. 여백은 동양 회화의 대표 기법으로 든다. 여백은 실제로 사물이 존재해야 할 곳에 공간을 비움으로써 마치 미완성으로 보이는 듯 과감히 생략된 공간을 뜻한다. 또한, 단순히 비워진 공간이 아닌 화가가 그리지 않고 의도적으로 남겨둔 부분이다.

동양화에서 공백이 많이 보이는 이유는 주된 표현방법이 선이었기 때문이다. 특징 이외의 것들, 보통 배경이나 공기와 같은걸 표현하지 않았다. 여백은 자연스럽게 나타났고 동양화의 특징으로 남았다. 보통 여백을 '살아있는 공간'이라 불렀다. 단순히 그리지 않는 부분이 아닌 그 이상의 의미를 담고 있다. 상상력을 극대화할 수 있기 때문이다. 여백이 풍성하게 상상의 날개를 펼치게 해 오히려 그림을 가득 채울 기회를 제공한 셈이다. 이런 비움을 통해 더욱 큰 채움을 얻을 수 있는 게 바로 책이다.

우리는 정보가 차고 넘치는 사회에 살고 있다. 인터넷의 정보는 마치 낚아채면 얻을 수 있듯이 흘러 다닌다. 정보를 얻을 수 있는 매체조차 다양하다. 과도한 정보량 속에서 사람들은 시합이라도 하는 듯 스스로 채찍질을 한다. 처음 몇 번의 채찍질은 삶의 원동력을 만들었다. 하지만 반복된 채찍질은 오히려 번 아웃과 같은 부작용을 초래한다. 이런 삶에 지친 사람들은 잠시 내려놓을 방법을 찾아다닌다. 책을 통해 내려놓음은 가능하며, 오히려 내려놓음이 삶을 풍족하게 만들어 준다. 여러 책을 통해 '비움 방법'을 여러모로 제시하고 진정으로 채우는 방법을 제시한다.

내려놓기는 언제나 우리의 참모습을 찾기 위한 도전이다. 내려놓기를 잘하면 다른 사람들도 참모습을 찾도록 기회를 줄 수 있다.

-《사람은 무엇으로 성장하는가》

마음에 뭔가 차올라오면 하십시오. 억지로 하지 마십시오. 우리 안에 붙어 있다고 생각한 그것들을 언젠가 시기가 됐을 때 벗겨내 허물인 채로 놔두지 말고 좋은 상품으로 만들어내길 바랍니다.

-《당신은 아무 일 없던 사람보다 강합니다》

양생의 본래 의미는 아주 명료합니다. 비워내고 휴식하라는 것입니다. 이때 휴식에는 마음을 다스리고 욕심을 비워 삶의 균형을 찾으며, '자신의 삶을 똑바로 바라본다'라는 의미가 담겨있습니다.

-《휴식 수업》

위의 내용을 보고 누군가는 "뭐야, 자기계발서에서니까 그렇게 말할 수 있지!"라고 말할 수도 있다. 물론 맞는 말이다. 자기계발서는 동일 선상의 내용이 많다. 하지만, 자기계발서도 저자마다 다른 세계를 담고 있기에 모든 책이 의미가 있다.

어떤 질문을 받을 때 갑자기 단어가 생각이 나지 않는 일이 있다. 물론, 잠시 잊은 것일 수 있지만, 너무 많은 걸 알고 있어서가 더 큰 이유이다. 우리는 생각보다 다양한 지식을 알고 있다. 정리가 되지 않았을 뿐이다. 책을 읽으며 알고 있는 내용이나 잡생각을 정리해보자. 마치 방을 청소하면 찾는 물건을 쉽게 찾는 것과 같이 머리를 정돈하여 보자. 손으로 적으며 영역을 구분하고 실체화를 통해 정리한다. 정리를 통해 구조화된 지식은 깨달음을 선사하며, 잘못된 선입견이나 관점을 바꿔 준다. 의식적으로 구조화하자. 처음에는 너무 다양한 지식을 나누는 데 많은 힘이 든다. 처음부터 쉬운 건 없다. 하지만 한 번 한 다음에는 어렵지 않게 할 수 있다.

인생은 흘러가는 것이 아니라
채우고 또 비우는 과정의 연속이다.
무엇을 채우느냐에 따라 결과는 달라지며
무엇을 비우느냐에 따라 가치는 달라진다.
인생이란 그렇게 채우고 또 비우며
자신에게 가장 소중한 것을
찾아가는 길이다.

- 에릭 시노웨이, 메릴 미도우의 《하워드의 선물》 중에서 -

우리 인생은 배우고 채우는 과정의 연속이다. 책으로 시작하는 비움과 채움은 그 어느 것보다 훌륭하다고는 할 수 없다. 하지만 그에 따르는 것을 선사한다. 소중한 것을 찾아가는 지름길을 인도해줄 수 있으며, 보지 못했던 부분을 보게 한다. 이제 당신도 책을 통한 비움을 시작해보라.

살아온 환경이 다양한 만큼 그 이상 관점과 생각이 존재한다. 작품을 보고 작가와 다르게 생각할 수 있다. 틀린 게 아니라 다른 것일 뿐이다. 오히려 저자는 독자 스스로 세계를 펼쳐보라고 글을 썼을 수 있다. 독서를 위한 고독의 시간을 마련하고 저자와 만나보자.

책 여백을 활용하는 것은 책에 특별한 가치를 부여하는 일이다. 일방적으로 저자의 생각을 받아들이는 게 아니라 나만의 책으로 만드는 과정이다. 책을 지저분하게 사용하기 시작해보자. 여백을 채우는 것은 단순하게 어지럽히는 것이 아니다. 오히려 생각을 확장하고 심도 있게 능동적으로 읽는 방법이다.

손으로 읽고 눈으로 매만지는 크로스 독서법

일곱 번째 독서법

책을 읽는 순간 편집의 권리는 당신에게 주어진다

좋은 희망을 품는 것은
바로 그것을 이룰 수 있는 지름길이다.
- 루터

잠이 들기 전 맥주 한 캔 마시며 재밌는 프로그램을 찾아 리모컨을 눌렀다. 채널을 돌리는 도중 한 프로그램에 버튼이 멈췄다.

손님들 사이에 나누는 이야기는 감동적이었고 사랑스러웠다. 자극적이지 않아서 더 좋았다. 넓게 펼쳐진 고즈넉한 풍경, 일상적인 대화 모두 소소한 행복을 선사했다. 일주일의 피곤함도 녹는 듯했다.

〈삼시 세끼〉, 〈신혼일기〉, 〈윤식당〉 등은 나영석 PD 사단의 결과물이다. 프로그램 시청률이 보여주듯이 많은 사람이 선택했다. 〈삼시 세끼〉는 농촌, 어촌에서 요리를 직접 해서 세 끼를 해결한다. 소소하게 주민들과 대화를 나누기도 하며, 직접 농사를 도우며 재료를 준비한다. 집에서 흔히 벌어지는 일상적인 풍경을 담아냈고, 시청자들에게 억지웃음이 아닌 얼굴에 스며들 듯 행복을 선사했다. 〈신혼일기〉는 연예인 부부라고 이상적인 삶을 사는 게 아님을 보여줬다. 실제 부부싸움도 하면서 서로를 다시 알아가는 모습을 담아냈다.〈윤식당〉은 발리에서 식당을 열어 음식을 파는 것이 전부다. 느리게 음식을 만들고 주문을 받아도 그 느림의 여유를 즐기는 모습이 보기 좋았다.

시청자들은 더는 자극적인 예능에 집착하지 않는다. 자연스럽게 흘러가는 예능에 환호한다. 끼니마다 밥을 챙겨 먹고, 엄마가 오랜만에 집에 올 때 급하게 집을 치우며 전전긍긍해 하는 모습들도, 당장 주변에 있는 신혼부부들이 겪을 수 있는 문제들에 공감의 버튼을 눌렀다. 이런 프로그램을 기획하는 나영석 PD에게 프로그램의 인기 요인이 무엇이냐고 물었더니 그의 대답은 이랬다.

"편집 전의 모습에서 특징을 찾아 프로그램을 만들어 갑니다."

편집은 현대시대를 살아가는데 필요한 능력이다. 창의성을 요구하는 사회에서 강력한 무기가 되기 때문이다. 여기서 편집은 정보 간의 엮음을 통해 새로운 결과물을 도출하는 능력을 뜻한다. 복잡한 걸 단순화하고, 분석을 통해 재배열하며 의미부여까지 한다. 나만의 질서가 입혀지고 핵심을 찾아 나만의 것으로 창조한다.

"편집은 2차적인 작업, 형식적인 작업이라고 많이들 생각해요. 그래서 중요하긴 하지만 없어도 되는 거로 생각하기 쉬운데, 사실은 그거야말로 본질적인 작업이란 거죠. 옛날에는 다양한 지식을 외운 사람들이 머릿속에서 한 행위들을 이제는 외부의 시스템을 통해 누구나 할 수 있는 세상이 되었단 말이에요. 그랬을 때 전혀 상관없어 보이는 것들을 연결할 수 있는 능력이야말로 남들과 다른 생각을 할 수 있는 기반이 된다는 거죠."《에디톨로지》를 쓴 김정운 박사의 이야기이다.

저자는 한 권의 집필을 위해 짧게는 몇 달 길게는 몇 년간 준비한다. "남보다 더 가졌다는 것은 축복이 아닌 사명이다."라고 말한 오프라 윈프리처럼, 저자는 독자들에게 사명감으로 책을 집필한다. 이렇게 저자는 일상생활 속에서 또는 여행 속에서 책에 담을 여러 경험을 엮어간다. 저자는 여러 소재를 통해 시선이나 느낌, 공유하고자 하는 세상을 편집한다. 경험 속 의미의 재배열을 통해 새로운 결과물을 도출해 저자의 질서를 정립한다.

집필할 때 소유권은 전적으로 저자에게 있다. 단, 저자 소유권은 출판될 때까지 적용된다. 저자 손에서 멀어질수록 소유권도 멀어진다. 책은 서점 매니저에 의해 매대에 배열되고 독자의 선택만 기다린다. 전적으로 소유권이 저자에게 있을 때 저자 이름이 책 선택에 영향을 준다. 그렇게 선택 전에는 저자 소유권에 영향을 받는다. 저자 소유물처럼 느껴야 한다는 고정관념 때문인지 한 장을 넘기기 어렵다. 하지만 정당한 값을 지급하고 구매 후에 소유권은 구매자인 독자에게 넘어간다.

구매 후 독자는 소유권을 얻는다. 이때부터는 독자가 어떻게 읽어도 작가는 아무 말 할 수 없다. '꼭 이렇게 읽어라, 저렇게 읽어봐라.' 등의 훈수조차 둘 수 없다. 구매 후에는 독자가 '편집된 세계'를 만들어갈 자격을 가진다.

책은 저자의 세상을 편집해서 내놓은 결과물이다. 책마다 전하고자 하는 메시지는 있다. 들어가는 말, 목차가 메시지를 파악할 수 있게 풀어 놓은 곳이다.

첫째, 독자는 편집의 세계를 펼치기 위해 들어가는 말을 먼저 읽어 보는 것이 좋다. 몇 장 안 되지만 본문을 읽는 데 큰 영향을 주기 때문이다. 들어가는 말을 통해 작가 의도와 하고 싶은 말을 파악한 뒤 아웃라인을 잡아본다.

둘째, 목차를 보며 구체적인 편집을 위한 부분을 선택한다. 소제목 한 개를 선택할 수 있으며, 소제목마다 구성된 챕터 1개만 점검할 수도 있다. 자신만의 편집 결과물이기 때문이다. 어느 것도 틀린 방법은 없다. 독자는 저자 의도를 파악하고 채집, 연결과 재편집을 통해 본인 세계의 질서를 세우면 된다.

책을 읽는 독자 수만큼 다양한 해석이 존재해야 한다. 당연한 이치다. 오히려 한 개의 해석만 나오는 작품은 위대한 작품이라고 말하기 어렵다. 해석 기반은 편집이며 편집은 인간의 자연스러운 본능이다. 이때, 자신만의 편집도 필요하지만 남들의 생각에 수긍하는 능력도 중요하다. '저런 해석도 가능하구나'라는 포용력이 있어야 한다. 편집은 독자만이 가질 수 있는 권리다. 고유의 권리를 통해 자신만의 해석이 담긴 독서로 만들어보는 건 어떨까.

A METHOD OF READING

꽂히는 핵심 키워드를 골라내는 필터링 독서법

항상 해온 대로 하면 항상 받아온 대로 받을 것이다.

- 토니 로빈스

대학교 시절에는 시험을 위해 필요한 정의와 식을 외우고, 취업을 준비할 때는 회사의 이력, 주력 상품, 최근 이슈 기술 등을 외운다. 자기소개서부터 면접까지 '나는 당신의 회사에 관심이 있다'라고 어필하기 위함이다. 이렇게 필요에 의한 암기가 아니면 몸이 반사적으로 거부반응을 일으킨다. 암기에 지쳐버렸기 때문이다.

하지만 회사에서 살아남아야 하는 직장인들로서는 암기는 고역이지만 선택의 여지가 없다. 매년 '20XX년 ○개의 트렌드', '경제를 익히기 위한 키워드 ○○가지, ○개의 키워드, 이것만 알면 정치는 쉬운 것 등의 키워드에 대한 책이 출간된다. 수두룩한 정보 속 핵심만 추려 정리해서 외워야 하는 상황에서 핵심이 담긴 책을 탐색한다.

일상생활 속에서도 우리는 키워드 작성을 하곤 한다. 인스타그램이 좋은 예이다. 인스타그램에는 '해시태그Hash Tag' 기능이 있다. #특정단어 형식으로 작성되는 SNS 용어다. 인스타그램에 사진을 올릴 때 관련 있는 키워드는 해시태그를 통해 작성한다. 추후 사진과 작성된 해시태그만 훑어봐도 기억이 스멀스멀 떠오른다. 새로운 곳에 놀러 가 근처 맛집을 찾을 때도 해시태그를 통해 알아본다.

책을 읽을 때도 해시태그 기능이 필요하다. 책 한 권에는 상당한 양의 정보가 담겨 있다. 독자 입장에서는 차고 넘치는 정보를 습득하기에는 시간도 없고 기억도 어렵다. 심지어 책을 처음부터 끝까지 읽는다 해도 모든 내용을 기억할 수는 없다. 독서 후 책 내용을 기억하기 위해서 키워드가 필요하다.

독서를 시작하면서 모든 걸 기억하고 싶어서 처음부터 끝까지 읽어보려 노력했지만 쉽지 않았다. 그래서 시도했던 방법이 '필터링 독서'였다. 필터링을 통한 독서는 요점을 가려내면서 읽기에 적합했고, 키워드를 찾기도 기억하기에도 쉬웠다. 이렇게 책의 정곡을 찾을 때 쉽게 접근할 수 있는 부분은 크게 네 가지 영역이다.

첫째, 가장 포괄적으로 책 주제를 나타내는 표지의 제목이다.

독자들이 책을 고르는 기준 중의 하나가 바로 제목이다. 나도 제목이 끌리는 책을 선택하곤 한다. 마치 사람을 만날 때 첫인상이 중요하듯이, 제목에도 다른 사람의 눈을 사로잡을 매력은 필요하다. 제목은 모든 내용을 함축적으로 표현하며, 독자 호기심까지 불러일으키는 단어로 구성된다. 비즈니스에서도 제목 중요성은 마찬가지다. 리포트 제목이 모든 사업 방향과 성패를 좌우할 만한 핵심들을 담고 있기 때문이다. 나카야마 마코토의 《제목 만들기 12가지 법칙》에서도 다음과 같이 말한다.

"내가 원하는 것이 아니라 읽는 사람이 원하는 것, 읽는 사람의 입장에서 호기심과 기대를 하게 할 것, 읽는 사람이 누리게 될 이익을 명쾌하게, 그리고 읽는 사람이 듣고 싶어 하는 단어 사용을 해야 한다."

흔히 제목에는 읽는 사람들을 움직이게 하는 힘이 있다고 한다. 저자 생각을 강력하게 어필할 수 있고, 독자와 제일 처음 접하기 때문이다. 하지만 제목을 통해 많은 것을 얻으려고 하지 말자. 단지 "앞으로 이 책에서 저자가 나에게 하고 싶은 말은 이거군."이라는 전체적인 흐름을 파악하고 기대를 하게 하는 것으로 충분하다.

둘째, 제목을 좀 더 쉽게 풀어낸 저자의 말, 머리말이다.

머리말은 다양한 용어로 책에서 사용된다. 저자의 말, 들어가는 말, 머리말 등으로 표현된다. (지금부터는 머리말로 통일한다) 머리말은 마치 이런 것이다. 저자가 "나는 이런 의도에서 쓴 거고 내가 느낀 것들은 이런 것들이며 이런 것 깨달을 수 있어서 책을 내니, 독자분들도 느껴보길 바란다."라는 식으로 쓰여 있다. 제목을 보고 도저히 감이 잡히지 않는다면 머리말을 읽어보면 된다. 제목 다음으로 작가가 힘을 싣는 부분이 머리말이기도 하다. 머리말만 보면 책이 어떤 이야기를 할지에 대한 요점을 파악할 수 있다. 읽다가도 방향에 대해 혼란이 오거나 주제에 대해 잘 파악하고 있는지 확인할 때는 머리말의 도움을 받을 수 있다.

셋째, 저자의 말을 좀 더 구체적으로 쓴 것이 목차다.

목차의 중요성은 여러 챕터를 통해서 언급했을 만큼 중요하다. 목차는 쉽게 말해 저자가 이야기를 풀어갈 때 가장 필요한 노른자 부분이다. 예를 들면, 하나의 책이 목차가 총 5개의 대 제목으로 구성이 되었다면, 그 책의 키워드가 5개라는 뜻이다. 그다음 어떤 것들을 풀어갈지는 중 제목에서 확인할 수 있다. 즉, 대 제목과 중 제목에서 글의 이정표를 뽑아낼 수 있다.

넷째, 본문 내용 중 마지막 문단이다.

마지막 문단에서 키워드를 통한 필터링 읽기가 여러 도움을 준다. 이해도와 독서 시간 효율성을 모두 높여준다. 마지막 문단은 가장 중요한 내용이 어떤 것이었는지를 상기시켜주며 주제를 강화한다. 종종 본문과는 다른 단어 및 표현으로 작성된다.

방법은 이렇다. 마지막 문단에서 목차를 통해 예상한 키워드 단어를 찾자. 그리고 다시 글 처음으로 돌아가 키워드가 언급되거나 비슷한 부분을 찾는다. 키워드가 포함된 문장을 읽고 이해가 더 필요한 경우는 문단을 읽으면 된다. 문단으로도 부족하면 예시를 읽는 게 도움이 된다. 이 방법은 저자가 독자 이해도를 높이기 위해 예시를 들고 마지막에 마무리하는 방식으로 작성된 것을 역으로 이용하는 것이다.

처음 필터링을 시작할 때만 해도 "이 방법이 정말 도움이 되나?, 오히려 좁은 시각만 가지는 게 아닐까?"라는 의문이 있었다. 하지만 제목, 머리말, 목차를 통해 저자가 하고 싶은 핵심에 3번이나 반복해 중심을 잡을 수 있었다. 키워드를 통한 책 읽기는 마인드맵과 같다. 중심인 주제에서 하나씩 가지를 펼치기 때문이다. 저자가 책을 집필할 때도 마찬가지다. 주제를 중심으로 키워드를 뽑아내고 그 속에서 독자의 이해도를 높이기 위한 스토리를 찾아낸다. 필터링 독서법을 통해 단순히 독자의 입장이 아니라 저자의 시각에서 책을 살펴보기 바란다.

A METHOD OF READING

나의 생각으로 채워가는 빈 공간 활용 독서법

생각지 않고 읽는 것은 씹지 않고 먹는 것과 같다.

– 마하트마 간디

영화 〈인셉션〉은 타인의 꿈속에 침투해 생각을 훔칠 수 있는 가까운 미래를 묘사해 많은 사랑을 받았다. 특히, 주목받았던 이유는 바로 마지막 결론 때문이다. 주인공인 리어나도 디캐프리오는 현실을 구분하기 위해 항상 '토템'을 들고 다닌다. 주인공의 토템은 돌아가는 물건으로서 계속 돌아가면 아직 다른 사람의 꿈속에 있는 것이고, 멈추면 현실로 돌아왔다는 것을 알려준다. 마지막에서 주인공은 현실임을 확인하기 위해 평소와 같이 토템을 돌린다. 하지만 영화에서 토템의 끝 모습을 보여주지 않는다. 이렇게 영화 관람객에게 '열린 결말'을 제공했다.

열린 결말은 작가 혹은 감독이 결말 부분을 명확히 끝내지 않아 관람객들이 결말을 상상하거나 추리할 수 있는 끝맺음 형태를 말한다. 열린 결말은 다양한 효과를 가지고 있다. 그중 하나는 관객 개개인의 무한한 상상력을 증폭시키는 것이다. 살아온 환경과 경험이 다르기 때문에 보고 느낀 점은 무궁무진하다. 열린 결말은 곧 관람객의 상상으로 이어진다. 이런 상상은 풍성한 해석을 불러일으켜 생각의 폭을 확장해준다.

책에서도 영화의 열린 결말과 같은 역할을 하는 부분이 있다. 바로 '빈 곳여백'이다. 책 맨 앞과 뒤에 있는 속지 그리고 콘텐츠 양옆, 위, 아래다. 원래 책의 빈 공간은 가독성을 높이기 위해 디자인적으로 설정된 장치다. 하지만 다른 독서법에서도 말하듯이 빈 공간은 채워야 한다. 단순히 비어있는 공간이 아닌 '활용해야 하는 곳'으로 사용해야 한다.

원래 책을 깨끗이 읽어서 남에게 보이는 게 중요했던 나에게 빈 곳 활용은 낯선 활동이었다. 솔직히 처음에는 공간에 대해 '어떻게 해야 하겠다'라는 생각조차 없었다. 어느 날 책을 읽다가 일부 내용에 반감이 들었고 바로 옆에 끄적거렸다. 그렇게 낙서는 시작되었다. '이제부터 해야지'라는 생각 후 작성한 게 아닌 자연스럽게 이견이 생기면서 시작했다. 내 의견을 쓰고 나니 오히려 책을 일방적으로 받아들이는 느낌에서 벗어나 주체적으로 바라보는 것이 실제로 가능해지는 순간이었다. 이로 인해 더 적극적으로 독서에 임할 수 있었다.

콘텐츠에 표시하는 방법은 사람마다 다르다. 검은색 펜으로는 일반적인 사실에, 중요한 곳에는 빨간색으로 표시하는 이도 있고, 검은색 펜으로 밑줄을 치고 별 표시나 하트 등의 표시로 중요한 문장에 표시하는 사람도 있다. 또는 형광펜으로 표시하는 방법도 있고 책 귀퉁이를 접어 기억에 남는 부분을 남겨놓기도 한다. 각자의 방법이 있으며 틀린 방법은 없다. 스스로 적극적으로 책을 읽을 방법이라면 상관없다. 각자 방법으로 표시하는 행동은 깊은 이해를 위한 첫 단계이다.

밑줄을 긋기 위해서는 기본 2번을 읽는다. 한 문장을 읽고 나서 '괜찮은데?'라고 판단이 되면 밑줄을 긋기 때문이다. 밑줄을 치면서 자연스럽게 천천히 한 번 더 읽게 된다. 나중에 책을 다시 읽어 볼 기회가 있을 때 핵심만 볼 수 있어 도움이 된다. 책을 펼쳤을 때 아무런 표시가 없을 때보다 어디가 중요한지를 알 수 있게 된다.

책을 읽을 때 한 손에 펜을 쥐고 자신의 자취를 남겨보자. 빈 곳에 표시하는 방법은 다양하다. 정해진 방법이 없기 때문에 형식에 얽매일 필요 없다.

챕터에서 읽었던 부분을 요약 정리해보자. 보통 책을 읽고 나서 정리해야 한다는 알고리즘에 잡혀있다. 지금부터라도 한 챕터씩 읽을 때마다 바로 내용을 정리한다. 한 챕터가 부담이라면 문단마다 작성해보자. 더욱 구체적이고 명확한 정리가 가능해진다. 따로 종이는 필요 없다. 이때 활용할 수 있는 공간은 마지막 문단 다음 빈 곳 혹은 면지다. 주어진 여백에 나름대로 표시된 부분을 정리함으로써 다시 내용을 숙지하는 기회를 가질 수 있다. 노출되는 빈도만큼 기억에도 남는다.

읽다가 생각나는 것들을 적어보자. 우리가 매일 겪는 상황이 다르다. 여러 상황에 노출된 우리는 같은 걸 볼 때도 매일 다른 생각이 든다. 책도 마찬가지다. 책을 읽으며 생각나는 아이디어를 적어두자. 글을 읽으며 생각난 것들은 다음에 다시 생각이 안 날 수도 있지 않은가. 글로 작성해도 되고 그림으로 남겨도 상관없다. 떠오르는 경험도 적어보자. 물론 "무조건 이렇게 해야 한다."라는 건 아니지만, 간단히 적는 것보다는 자세히 적어보자. 장소, 만났던 사람들, 주변을 돌아봤을 때 마주친 경치들, 생각나는 냄새, 무엇이든 상관없다. 왜 이 문장을 읽고 생각이 났는지, 그때 경험에서 매칭되는 부분은 어디인지 써보자. 이는 잊고 있던 기억을 회상할 수 있는 회로를 재생성하는 방법이며, 당시 내가 느끼지 못했던 부분을 더 자세히 감지할 기회이기도 하다.

작가와 토론의 장을 만들자. 책을 읽다 보면 '그렇구나.'를 넘어 '왜 그럴까?' 궁금한 점이 생긴다. 내용에 공감하고 긍정적으로 느낄 때도 있지만 때론 수긍하기 힘든 점들도 생긴다. 궁금한 점, 어떤 의미로 공감하는지, '난 이렇게 생각하지 않는데 왜 작가는 이렇게 썼을까?' 등 질문을 써본다. 굳이 정리할 필요 없이 생각나는 질문을 적어보자. 《일독일행 독서법》의 유근용 저자는 책을 읽고 질문하는 것에 대해 다음과 같이 말했다.

"독서는 단순히 읽고 받아들이는 행위로 끝나서는 안 된다. 반드시 질문을 통해 또 다른 세상으로 나아갈 수 있는 길을 만들어야 한다. 배움의 시작은 질문에서 나오는 걸 기억하자."

책의 여백을 활용하는 것은 책에 특별한 가치를 부여하는 일이다. 일방적으로 저자의 생각을 받아들이는 게 아닌 나만의 책으로 만드는 과정이다. 빈 곳에 작성된 예술적 낙서는 나만의 삶의 가치관, 철학들이 스며든다. 그렇게 나만을 위한 나의 책이 완성된다. 책을 지저분하게 사용하기 시작해보자. 그러다 보면 원래 책 내용은 부가적인 부분으로 바뀌고, 빈 곳에 채워진 내용이 중심이 되는 경험을 할 수 있다. 여백을 채우는 것은 단순하게 어지럽히는 것이 아니다. 오히려 생각을 확장하고 심도 있게 능동적으로 읽는 방법이다.

마지막으로 《이동진 독서법》의 한 구절을 소개해보겠다.

"책을 잘 안 읽는 사람일수록 책을 모셔둡니다. 저는 오히려 적극적으로 책을 '하대'하라고 말하고 싶어요. (중략) 그러니까 내 눈앞의 이 물리적인 종이 모음집은 마음대로 다루어도 됩니다. 숭배하지 말아야 합니다. 심지어 책은 찢어도 됩니다."

A METHOD OF READING

다양한 시각, 전문가의 해설로 살찌우는 훔치는 독서법

좋은 예술가는 따라 하지만,
위대한 예술가는 훔친다.
- 피카소

대학생 시절 여름방학을 이용하여 꿈에 그리던 유럽에 간 적이 있다. 특히 이탈리아 여행을 준비할 때부터 엄청난 기대감에 사로잡혀있었던 건 '콜로세움'이었다. 하지만 실제로 버스를 타고 콜로세움을 한 바퀴 돌면서 든 생각은 '큰 돌로 만든 경기장이네' 정도였지 특별한 감흥은 느낄 수 없었다. 하지만 가이드의 콜로세움에 대한 역사를 시작으로 구조, 시대적 의미에 대한 설명을 듣고는 생각이 바뀌었다. 역시나 단순히 경기장이라는 관점을 넘은 건축물이었다.

'로마는 위대하다'라는 애국심을 심어주기도, 공포심을 위한 정치적인 목적으로도 사용했다는 사실을 알게 되었다. 결국, 그 돌덩이들은 하나의 시대를 상징하는 것이었고 하나의 작품이라는 사실을 알게 되었다. 정보가 있고 없고 차이를 확실히 느낄 수 있었던 경험이었다.

때로는 사전지식을 가지고 임하면 쉽게 진행되는 일들이 있다. 클래식을 처음 접할 때는 '바이올린 소리가 나오는구나, 피아노 선율이 괜찮네, 어디서 많이 들어봤는데?' 정도로만 이해되었다. 하지만 작곡가 인물 자체에 대해 탐구해보면 왜 이런 식으로 표현하는지, 어떠한 감정을 풀어내려고 했는지 알 수 있다. 새롭게 알게 된 작곡가에 대한 정보는 음악을 듣는데 더 깊은 몰입을 가능하게 했다.

책도 마찬가지다. 처음 읽을 때는 지도와 나침반 없이 망망대해에 뛰어드는 것과 같은 느낌을 받을 수도 있다. 두꺼운 책이나 어려운 주제를 다루고 있다면 더욱 그렇다. 물론 천천히 그 속에서 스스로 방향을 찾아가면서 깨닫는 재미를 느끼는 경우도 있지만, 책을 읽다 방향을 잃어 포기하는 사람이 대다수다. 직장인은 시간에 제약이 있기에 방향을 제시하는 사전정보가 있으면 더욱 효율적이다. 독서를 지속하면서 책에 대한 사전 정보를 얻을 수 있는 방법을 하나씩 추가했다. 이를 통해 얻은 정보들은 책을 읽기 전 사전정보의 역할을 해주었으며 상당히 많은 도움을 주었다.

나는 종종 책을 읽기 전 서평이나 독후감들을 읽는다. 서평과 독후감은 인터넷 블로그를 통해서 쉽게 접할 수 있다. 독후감은 말 그대로 책을 읽은 후의 소감을 적는 개인적인 글이지만, 서평은 보다 객관적인 시각에서 비평적으로 내용을 서술한 글이다. 이 둘은 차이가 있지만 정보를 얻는데 있어서 모두 효과적인 수단이다. 기억에 남는 구절을 적기도 하고 전반적인 이야기에 대해 작성하기도 한다. 두 수단을 통해 기본 골격이 되는 정보를 쌓을 수 있다. 이렇게 축적된 사전 정보는 독서할 때 방향을 제시한다. 특히, 독후감은 각자 생각을 담기 때문에 여러 관점을 접할 수 있는 기회를 제공한다. 어떻게 보면 남의 생각을, 시간을 훔치는 것일 수 있다. 하지만 이렇게 인터넷에 공개된 독후감과 책에 대한 자료는 오히려 공유를 위함이니 활용하는 건 독자의 몫이라고 생각한다.

귀를 자극하는 북캐스트도 이용해보자. 이는 바쁜 직장인들이 이동 중 독서를 접할 수 있는 좋은 방법이다. 네이버에서 제공하는 오디오클립 애플리케이션에는 다양한 채널이 있다. 그중 독서와 관련된 것도 있다. 특히 필자는 어려운 책이나 두꺼운 책을 읽기 전에 한 번 듣는다. 집중해서 들어도 되지만 흘려들어도 나중에 어렴풋이 생각이나서 방향을 잡는 데 도움이 되기 때문이다.

- **이동우의 10분 독서** : 채널은 일주일에 한 번씩 한 권에 대한 내용 요약 및 간단한 소감을 업로드한다. 처음에는 10분 내외의 내용이 많았지만, 지금은 20분 정도의 내용이 올라온다.

이렇게 책에 대한 내용을 정리해 주는 애플리케이션도 있지만 심도 있는 대화를 나누는 팟캐스트도 있다.

- **이동진의 빨간 서점** : 이동진 평론가를 중심으로 여러 패널이 날카로운 시선과 입담으로 청취자들에게 정보를 제공한다. 평균 1시간 이상의 시간이 소요되지만 라디오의 대화형식으로 진행되는 만큼 부담 없이 다가갈 수 있는 수단이다.

- **공준호의 책 읽는 라디오** : 월요일부터 금요일까지 매주 5회씩 업데이트되는 팟캐스트다. 매일 다른 패널이 등장하면서 다양한 시선으로 풍성한 콘텐츠를 청취

자들에게 제공한다. 평균 10분 정도의 라디오로 출퇴근 시간에 듣기 적당하다.

이 외에도 〈김영하의 책 읽는 시간〉, 〈읽어 드림〉, 〈하루키 라디오〉, 〈소소한 책수다〉 등의 다양한 채널들이 있다. 라디오에서 들리는 누군가 나직한 목소리, 낭랑한 목소리를 통해 내용을 듣는 건 읽은 것과는 또 다른 느낌으로 다가온다.

귀와 눈을 통해 내용을 접할 수도 있는데, 바로 유튜브와 책 관련 인터넷 방송이다. 유튜브 중 '책그림'은 짧고 강하게 책을 만나는 방법이다. 남성과 여성이 번갈아 가면서 그림에 코멘트를 하면서 진행한다. 깔끔하게 작성된 내용은 눈으로 내용을 한 번 익히고 귀로도 한 번 다시 되새긴다. 길어도 15분 내외면 책 한 권 소개는 끝난다. 단순히 내용을 전달하는 것이 아니라 정리 및 자기 생각을 더해 진행한다. 이외에도 인터넷 방송 중에는 책에 관련된 채널들이 있다. 책과 관련된 방송을 진행하는 한 BJ는 매주 책 한 권씩 소개한다. 어려운 책의 내용은 비하인드 스토리를 제공함으로서 다양한 연령층을 만족하게 한다.

여유가 있다면 작가에 대해 알아보자. 이는 강력한 이입 부스터 역할을 한다. 마치 음악을 들을 때 작곡가가 작곡할 때의 상황을 이해하면 상황에 대한 몰입이 증가하는 것과 같다. 특히 소설을 읽을 때 작가에 대한 탐색은 더욱 힘이 된다. 작가가 책을 집필할 당시 상황 및 살아온 역사를 파악해보자. 책에 더욱 집중할 수 있으며 작가의 심정을 이해하는 데 도움이 된다.

위에서 언급한 방법 모두 책에 대한 이해와 기억에 도움이 된다. 집중력도 높일 뿐만 아니라 두 번 읽는 효과도 있기 때문이다. 다양한 해석을 접함으로써 사고의 확장과 관점의 전환을 이룰 수 있다. 서평과 독후감을 통해 접하는 방법도 듣는 독서를 통해서도 저자에 대해 더 많이 알아 보고 책을 읽는 것도 모두 중요하지만 결국 이러한 과정을 거쳐 독자 자신만의 결론을 내려야 한다. 다소 과격한 표현이지만 이런 '훔치는 독서법'으로 자신의 생각과 마음을 살찌우는 건 무죄이니 마음껏 해보기 바란다.

한 분야의 책을 집중 공략하는 시너지 독서법

당신이 할 수 있다고 믿든 할 수 없다고 믿든, 믿는 대로 될 것이다.
- 헨리 포드

"사람들은 '세상은 불공평해, 걔는 저런 재능이 있기 때문에 저렇게 할 수 있는 거야.'라고 하지만 사실 그렇지 않거든요."

이는 정상에 선 보이그룹 EXO 멤버 카이의 말이다. 지금 본인 모습의 원동력은 꾸준히 해온 연습시간이라고 힘주어 말했다. 그는 방송이나 행사 일정이 없는 날이면 어김없이 연습실로 향한다. 본인이 경험한 바에 의하면 현재 1만 시간이 아닌 2만 시간에 다가갔다고 했다. 그리고 적어도 1만 시간을 할애하면 가고자 하는 목표치는 채울 수 있다고 강조한다. 몸소 가능하다는 것을 체험했기 때문에 당당하고 자신 있다.

심리학자 맬컴 글래드웰은《아웃라이어》에서 '1만 시간의 법칙'을 제시하며 누구라도 하루에 3시간씩 10년을 노력한다면 한 분야의 천재가 될 수 있다고 주장했다. 음악 천재라고 여겨지는 모차르트도 태어날 때부터 천재는 아니었다. 걸작으로 통하는 협주곡 9번은 그가 스물한 살 때 쓴 작품이다. 협주곡을 짓기 시작한 지 10년이 흐른 후였다.

한 가지 분야에 대해 집중적으로 파고들다 보면 어느 정도 전문가의 반열에 오를 수 있다. 책도 마찬가지다. 만약 어떤 분야에 관심이 있으면 전공을 하거나 교육을 받지 않았어도, 독서를 통해 충분히 그 분야의 전문가 반열에 오를 수 있다. 비록 실무 경험이 풍부하거나 깊이 있는 학문을 통해 공부한 이들에 비해 깊이가 조금 떨어질 수는 있지만 그래도 충분히 가치가 있다. 물론 같은 분야의 책만 1만 시간 동안 읽으라는 의미는 아니다. 하지만 책도 마찬가지로 한 분야의 책들을 몰아 읽으면 전문가에 준하는 지식을 쌓을 수 있게 된다.

직장에서 연차가 쌓일수록 종사하는 분야에 경력과 자신감이 쌓인다. 하지만 반복되는 일상에 지루함을 느끼고 정년이라는 벽에 부딪히면서, 다른 영역 전문성을 기르기 위해 노력하는 사람이 많아지고 있다. 직장인인 경우 본인의 업무나 산업군 이외의 분야에 대해 잘 알기 어렵다. 한 가지에 관심이 있다면 그 분야 책들을 중점적으로 읽어보자. 이때, 책을 통해 다른 분야 사람들을 만나고 다양한 일을 만날 수 있다. 하나씩 차곡차곡 채워나간다면 그 분야에 대해 '남들보다 좀 더 아는 수준'이 된다. 그렇게 재미를 알게 되고 스스로 방법을 찾아가면서 결국 준전문가까지 발전할 수 있다.

나도 심리학에 대한 관심이 있어 관련 책들을 읽기 시작했고, 남들보다 조금 더 아는 수준이 되어 민간자격증을 취득했다. 아직 전문가 수준에 도달하기 위해서는 더 많은 노력이 필요하다. 하지만 '하면 된다'라는 결과를 직접 경험해 보면서 다음 단계를 꿈꿀 수 있었다.

마음 먹고 현실적으로 실행할 수 있었던 방법은 '원 먼스 원 토픽One Month One Topic'이다. 말 그대로 한 달 동안 한 가지 주제를 정하는 것이다. 아무리 원한다고 해도 처음부터 1만 시간 동안 한 분야를 읽는다는 건 불가능한 일에 가깝다. 책을 읽으며 한 처음 시도는 '원 위크 원 토픽One Week One Topic' 이었다. 주 단위를 기준으로 행동했지만 생각보다 많은 책을 읽지 못했고 그저 '훑고 넘어간다'는 느낌이 강했다. 많은 시도를 통해 지루하지 않고 무리가 되지 않는 기간이 한 달이라는 것으로 판단했다.

방법은 간단하다. 한 달에 한 번 관심 있는 주제를 정해 관련 책을 구매한다. 이때, 도서관이나 애플리케이션에도 분야별로 책들이 잘 나와 있기 때문에 도움을 받을 수 있다. 매달 다른 주제를 정해 하다 보면 1년에 12가지의 주제에 대한 지식을 쌓을 수 있다.

무조건 한 달에 한 주제를 정하라는 것은 아니다. 자신에게 맞는 방법으로 변형할 수 있다. 두 달에 한 번 같은 주제로 읽어도 되고 세 달에 한 번씩 반복하는 방법도 있다. 그렇게 해도 한 분야에 대해 좀 더 아는 경지에 오를 수 있다. 한 가지 주제를 지속하는 것보다는 주기적으로 주제를 바꿔서 진행하면 흥미를 높일 수 있다.

피터 드러커는 다른 경영 대가들도 인정하는 진정한 경영학의 선구자다. 이런 그도 처음부터 유능했던 것은 아니었다. 그는 취업과 동시에 대학에 진학하였다. 하지만 수업은 듣지 않았고 도서관으로 출근하다시피 했다. 그는 3년을 주기로 책의 주제를 바꿔가며 자신의 것으로 만들어 갔다. 그렇게 하나씩 쌓이다 보니 지금의 위치까지 올라설 수 있었다.

책을 통해 지식을 접한다는 것은 저렴하게 투자해 큰 수확을 얻는 방법이다. 이를 적재적소로 활용하는 게 중요하다. 하지만 시기 적절한 타이밍에 눈만으로 읽는 책과 오감을 활용할 수 있는 활동을 함께 하면 관심을 지속하는 데 큰 도움이 될 것이다.

"가장 싼 값으로 가장 오랫동안 즐거움을 누릴 수 있는 것, 바로 책이다."라는 프랑스 철학자이자 사상가인 몽테뉴의 말처럼, 독서는 전문가가 되는 데 있어 가장 저렴하고 확실하고 빠른 방법이다.

책의 여운을 길게 남기는 나만의 서평 쓰기

작은 기회로부터 종종 위대한 업적이 시작된다.

- 데모스테네스

기억을 꺼내보는 방법은 다양하다. 사진을 보면서 과거의 장면이 동영상처럼 펼쳐진다. 천천히 수평선으로 지던 노을, 코끝을 자극하는 바다의 짠 내음, 시간 가는 줄 모르고 까르륵 웃는 웃음소리까지 선명하다. 캠코더 카메라를 돌려보며 놓쳤던 장면도 발견한다. '맞아, 저 때 저랬어.'라고 소소한 잡담을 나누기도 한다.

특히, 글로 남긴 일기장은 기억을 담백하게 담고 있다. 사진과 캠코더와 달리 일기장은 당시 감정, 기분을 온몸으로 느끼게 한다. 날씨, 잠시 스쳐간 사람에서 느껴진 향기, 떠오른 생각들이 적혀 있어 기억을 복원하는 데 무리가 없다. 오히려 사진, 캠코더보다 더욱 선명히 기억을 펼쳐준다. 상상력을 자극하기 때문이다.

책을 읽을 때 드는 착각 중 하나는 '읽은 건 모두 기억해야 한다.'이다. 당장 오늘 점심도 뭐 먹었는지 기억도 안 나는 경우도 있는 데 책 내용이 모조리 기억될 리가 없다. 사람인지라 잊어버리는 건 자연스러운 일이다. 당장 옆에 있는 동료에게 물어봐도 안다. 나만 까먹는 게 아니다. 아무리 책을 즐겨읽는 독자도, 작가도 그들이 읽는 모든 책에 내용을 온전히 모두 기억하는 사람은 없다. 그러니까 기록을 해야 한다. 역사내용 역시 과거를 추론할 수 있는 건 모두 기록으로부터 시작된다.

왕들도 자신의 업적을 기리기 위해, 모든 것들을 적었다. 대표적인 예시가 바로《조선왕조실록》이다. 물론 왕이 직접 적은 건 아니지만 기록들 때문에 우리는 그들의 자취를 찾아갈 수 있다. 기록해야 하는 이유도 동일 선상에 있다. 기록하지 않으면 기억하지 못한다. 기록해야 본인도 나중에 원할 때 찾아볼 수 있다. 독후감이나 서평을 쓰며 읽은 책에 대해 다시 정리하는 기회를 가질 수 있다.

우리에게 정리와 기록은 필요한 일이다.《지금은 책과 연애 중》을 쓴 천성호 저자는 서평에 대해서 "한 번 듣는 걸로 끝내지 않고, 보는 데 그치지 않고, 서평을 통해 한 번 더 책과 나를 되짚어 보게 되는 것이지요. 그렇기에 한편으론 귀찮고 어려울지라도 서평은 반드시 써주는 것이 좋습니다. 서평은 독서를 마무리하고 완성시키는 행위니까요."라고 말했다.

학창시절 나에게 독후감은 숙제에 불과했다. 읽기 싫은 책을 읽고 느낀 감정을 억지로 짜냈기 때문이다. 정해진 분량까지 있어서 꾸역꾸역 채워야만 했다. 성인이 된 이후에는 독후감에 대해 눈길조차 주지 않았다. 쓰는 것에 대한 거부감 때문이었다. 기록은 회사 다이어리에 적는 업무들이 다였다. 기록을 위한 펜이 쉽게 쥐어지지 않았다. 아는 건 아는 거고 실제로 쓰는 건 어려웠다. '분량을 채워야 한다'라는 강박관념과 '남에게 보이기 위한 글이기 때문에 못쓰면 안 된다'라는 생각 때문이었다.

기록에 정해진 분량은 없다. 몇 문장을 적어도, 한 문장 심지어는 몇 단어도 상관없다. 기록은 결국 스스로 정리를 통한 결과물이기에 기록 자체에 의미가 있다.

처음에는 분량에 대한 부담감이 있었다. 누구도 이렇게 해야 한다고 말한 적은 없지만 스스로 분량에 대한 무게를 쌓아가고 있었다. 어느 날 '내가 기억하기 위한 기록인데 몇 장을 쓰던 내 맘 아닌가?'라는 생각이 들었다. 그때부터 분량은 신경 쓰지 않았다. 차분히 쓰다 보니 한 개도 쓰기 힘들었던 걸 자주 쓸 수 있게 되었다. 분량에 대한 부담감을 내려놓았기 때문이었다.

장황하게 길게 풀어서 쓴다고 해서 좋은 글은 아니다. 심지어 몇 개 단어가 쓰이지 않았지만 강렬한 인상을 주는 글이 있다. 회사에서도 마찬가지다. 길게 몇 장을 쓴 보고서보다는 핵심만 담긴 한 장을 더 선호한다. 길이가 아닌 내용이 중요하기 때문이다.

기록에는 정해진 형식도 없다. 독후감은 남에게 보이고 평가받는 하나의 수단이었다. 그래서 그런지 정해진 형식에 맞춰 써야 그나마 불안하지 않았다. 하지만 성인이 되고 마음가짐을 달리했다. 어차피 나만 볼 글이기 때문에 그냥 '의식의 흐름대로' 썼다. 누구한테 보여주는 게 아니기 때문이었다. 책을 읽고 그때 상황에 맞춰 생각나는 대로 적었다. 헤어진 여자 친구가 미워서 이입해 쓴 글도 있으며, 국가 상황이 너무 답답해 정치에 대해 작성한 글도 있다. 상사에게 말도 안 되는 이유로 혼나는 바람에 꼬여버린 감정을 그대로 풀어쓴 글도 있으며, 남이 봤을 때 논리도 없고 그냥 하소연한 글 같아 보일 수 있다. 그러나 내가 읽었을 때는 그때 감정을 다시 느낄 수 있는 글이다. 이처럼 기억에 남는 구절을 써도 되고 책을 읽으며 적었던 질문들을 종합해도 상관없다. 꼭 글로만 쓸 필요도 없다. 그림으로 남겨도 된다. 그림이 더 자세히 묘사할 수 있는 수단이기 때문이다. 무엇을 기록할 건지 판단하는 건 본인 자신의 몫이다.

일부 독서법 책에서는 손으로 직접 작성하는 걸 권한다. 손으로 쓰게 되면 몸으로도 기억해 오랫동안 유지될 수 있으며, 스스로 정리하면서 쓰기 때문이다. 나도 직접 써보는 게 도움이 되는 건 안다. 심지어 책을 읽지 않는 사람들도 아는 사실이다. 하지만 처음 기록을 시작하는 입장에서는 손으로 쓰는 건 부담이 된다. 뭔가 글씨도 정갈하게 써야 할 것 같고, 틀리면 다시 쓰고 싶은 생각이 강하다. 손으로 쓰는 것마저 잘 쓰기 위한 수단으로 변질되어 부담감은 더욱 쌓이게 된다.

책 읽을 시간도 없다고 하는 판국에 독후감을 손으로 쓰라고 하면 "해봐야지!" 하는 사람이 얼마나 될까. 나는 휴대폰으로 먼저 시도하는 걸 추천한다. 메모장에 남겨보거나 SNS에 올리기도 한다. 길어도 짧아도 심지어 해시태그만 있어도 가능하다. 더 남기고 싶은 내용이 있으면 컴퓨터 파일로 저장한다. 이것이 익숙해지면 한 번 손으로 써본다. 어느 마라톤 선수가 처음부터 42.195km를 잘 뛸 수 있겠는가. 내 생각을 정리할 때도 동일하다. 처음부터 무리할 필요는 없다. 지속해서 할 수 있는 방법부터 익혀 몸이 거부감 없이 할 수 있는 상태로 만들어야 한다. 그러다 보면 결국 쓰기의 묘미도 알게 될 것이다.

책을 멀리하는 이유는 결국 '내가 왜 책을 읽어야 하는 가'에 대한 결론을 내리지 못하기 때문이다. 양심을 걸고 진짜 시간이 없는 사람들이 얼마나 될까? 한 문장도 읽지 못할 시간이 없다는 건 말이 되지 않는다. 진정으로 하고자 하는 게 있다면 어떻게든 시간을 내는 게 인지상정이다. 진정으로 돌아보면 분명히 읽을 시간은 얼마든지 있다.

저절로
손에
책이 가는
평생
독서습관

여덟 번째 독서법

직장인이 책을 멀리하는 진짜 이유

인간은 항상 시간이 모자란다고 불평하면서,
실제로는 마치 시간이 무한정 있는 것처럼 행동한다.
– 세네카

1. 시간이 없어서 읽지 않는다.
2. 책보다 재밌는 게 너무 많다.
3. 퇴근하고 뭘 하고 싶지 않다.

이제껏 책을 읽지 않았다면, 세 가지 중 하나의 이유일 확률이 높다. 대부분 독서법 책에서 '직장인들이 진짜 책을 멀리하는 이유'에 대해 비슷한 답변을 제시한다. 비슷한 대답을 하는 데는 다 이유가 있다. 반복이 담고 있는 의미는 중요성이며, 모두가 아는 사실이다. 그런데도 무언가를 기대한 독자들에게 "또 이거야?"라고 실망을 안겨주기도 한다. 나도 결국 하는 말은 비슷하다. 하지만 나 또한 예전에는 책을 싫어했던 사람으로 처음 적용했을 때의 느낌과 실천했던 방법을 솔직하게 전달하고자 한다.

첫 번째, 시간이 없어서 읽지 않는다.

직장인의 하루 패턴은 대부분 비슷하게 흘러간다. 누적된 피로로 인해 아침이 되면 잠자리에서 벗어나기 힘들다. 1분이라도 더 이불 속에 있기 위해 발버둥을 친다. 겨우 준비를 마치고 자석에 이끌리듯 집을 나선다. 출근시간만 되면 어디든 사람들로 가득 찬다. 붐비는 대중교통 속에 몸을 싣고 직장으로 향하고 도착하면 일을 시작한다. 정신없이 흘러가는 하루 속에서 지친 상태로 퇴근해 뻗어버리는 게 일상이다. '이런 반복되는 상황 속에서 어떻게 책을 읽을 수 있나?'라는 것이다. 나도 의문이었다. 독서법 책에서 이렇게 시간이 없다고 하는 사람들에게 제안하는 방법은 비슷하다.

짬 내서 읽어라.

독서법 책뿐만 아니라 성공했다고 하는 사람들은 '짬 시간'에 무언가를 계획했고 실행에 옮겼다. 솔직히 시간이 없다고 말하는 사람도 짬을 내서 읽으면 된다는 건 안다. 하지만 대부분은 그 시간에 책을 읽는 것보다는 다른 게 더 끌린다. 잠시 눈을 붙여 꿀잠으로 피로를 해소하거나 커피를 마시며 떠들거나 심지어는 아무것도 하지 않는다. 나도 처음 이 방법을 접했을 때 '굳이 짬 시간까지 내면서 전투적으로 읽을 필요가 있을까?'라는 생각이었다.

'티끌 모아 태산'이라고 한다. 하지만 굳이 그 티끌을 모두 책 읽기에 투자할 필요는 없다. 마음의 여유가 생겼을 때나 책 읽기로 마음을 먹었을 때 그냥 한 번 읽어보자. 그렇게 가능성을 높이는 데 실질적으로 도움이 되는 방법을 취해보자.

티끌은 티끌일 뿐이다. 처음부터 태산을 기대해서도 안 되며, 태산을 만들 필요도 없다. 다만 티끌답게 사용하다 보면 어느 순간 티끌도 덩어리로 변할 것이고 점점 커갈 것이다. 결국, 가능한 범위에 맞춰 작게 시작하는 게 중요하다.

대중교통을 이용하면서 읽어라.

출근할 때 없는 공간을 찾아 몸을 웅크리면서도 대중교통을 이용한다. 손잡이도 잡기 힘든 공간에 많은 사람이 빼곡히 끼어 간다. 백 팩도 민폐라고 하는 세상에 책을 꺼낸다면 공간 차지에 대한 대가로 엄청난 눈초리를 받을 수 있다. 퇴근할 때는 책을 들 힘조차 없고 잠시 눈을 붙이는 게 최고다. 물론 직장인들의 상황마다 출・퇴근 방법은 다르다. 일부 독서법 책에서는 붐빔을 피하고자 출근 때는 조금 일찍 나오고 퇴근 때는 조금 늦게 나오는 걸 제시한다. 하지만 피곤한 몸을 일찍 끌고 나오라는 것도, 더욱이나 1분도 더 있기 싫은 회사에 남아 있으라는 것은 고문이나 다름 없다.

그래서 나는 대중교통을 이용해서 책을 읽는 날은 주말과 휴일로 한정한다. 평일보다 주말에 사람들이 덜 붐비며 책을 읽는 분들을 더 많이 만난다. 평소에 자차를 이용하던 길을 주말에 대중교통으로 가보자. 이때 한 번 관심 있던 책을 펼쳐보라. 생각보다 많은 페이지를 읽게 되는 놀라운 경험을 할 수 있다.

그러면 왜 독서법 책에서 대중교통을 권장하는 걸까? 내가 해보고 내린 결론은 이렇다. 대중교통은 '짧은 시간에 집중하기 좋은 장소'이며 '부담을 갖지 않고 읽기' 때문이다. 실제로 가볍게 읽다 보니 집중력도 높아지고 기억에도 오래 남는다.

책을 항상 가지고 다녀라.

누군가와 약속에선 예상치 못한 일들이 생길 때가 있다. 약속 장소에 일찍 가게 되는 경우도 있으며, 상대방의 어쩔 수 없는 상황들로 인해 기다릴 때도 있다. 이때 대부분 사람은 망설임 없이 휴대폰부터 꺼낸다. 게임을 하거나, 뉴스, 연예, 뷰티 등 관심 있는 분야의 기사를 보기도 하고 웹툰을 읽기도 한다. 짬 나는 시간에 휴대폰을 보는 이유는 간단하다. 우리가 항상 지니고 있기 때문이다.

한 번 책을 들고 다녀 보자. 굳이 크고 두꺼운 책보다는 짧은 글들이 실린 책을 챙기자. 잊고 지내도 상관없다. 사람은 환경에 영향을 많이 받기 때문에 계속 가지고 다니면 눈에 띄게 된다. 결국 궁금해서라도 한두 페이지를 읽게 된다. 기다리는 시간 중에서 지식도 채우고 여유도 가질 수 있다. 때론 이런 모습은 첫 만남에서 긍정적인 인상을 줄 수 있으며, 자연스럽게 대화의 주제가 되기도 한다.

두 번째, 책보다 재밌는 게 너무 많다.

세상에는 책보다 재밌는 게 차고 넘친다. 모바일 게임을 좋아하는 사람에게는 출시되는 수많은 새로운 게임들이 반갑다. 오늘 드라마 전개는 어떻게 흘러갈지 궁금한 사람에게는 프로그램 스케줄을 점검하고 챙겨보는 것이 즐거움이다. 하지만, 게임이나 TV 시청과 같은 오락성 위주의 것들은 쉽게 질릴 수 있다. 그렇게 더 재밌거나 흥미 있는 것들이 나오면 전에 하던 것들은 모두 잊힌다.

"책은 재미를 넘어 감동까지 받는 일은 어렵지만, 깨달음이 오면 책 만한 건 없다."라고 독서가들은 말한다. 책을 즐기는 건 소수에게 주어진 일이라 간주한다. 실제로 독서를 통한 재미는 다른 것에 비해 장벽이 높다. 하지만 재미를 느끼는 건 '알아간다'부터 시작된다. 작은 시도지만 관심사에 대해 다룬 잡지나 짧은 글부터 읽어보라. 아무래도 관심사에 대한 글은 흥미를 주며 알아간다는 점에서 시작하기에 최적화 돼 있기 때문이다.

세 번째, 퇴근하고 뭘 하고 싶지 않다.

남들에게 뒤처지지 않기 위해 열심히 하루를 보냈다. 오늘도 직장에서 이리저리 치이며 스트레스가 쌓일 때로 쌓여 집으로 왔다. 씻는 것조차 싫은 상태에서 '책 읽어라'는 웬 말인가. 사람들은 너무 현실과 동떨어진 방법이라 생각한다. 독서법 책에서는 '자기 전에 읽어라', '책을 통해서 위로를 받아라'라고 말한다. 하지만 그 단계에까지 다다르려면 상당한 내공이 필요하다.

퇴근 후 몸 상태는 피로가 누적된 상태라 빨리 1분이라도 더 자고 싶어 하며 깊은 잠을 원한다. 그런데도 불구하고 보통 잠들기 전 휴대폰은 꼭 본다. 심지어 불을 끈 어두운 방에서 휴대폰에 비치는 불에 의존한다. 이는 잠깐의 즐거움을 주지만 오히려 피곤함을 자초하는 일이다.

휴대폰을 보지 말라는 건 아니다. 다만 시야를 한 번 돌려보자. 오프라 윈프리는 "당신이 내일 아침 오늘보다 더 나은 사람으로 깨어나고 싶다면 잠들기 전에 책을 펴고 단 세 장이라도 읽으십시오."라고 말했다. 보통 책을 읽으면 졸린다고 한다. 이를 이용해서 책을 활용해보자. 자기 전 수면제로 이용해보는 것이다. 가볍게 그리고 한 문장만 읽더라도 시도해보라. 그러다 보면 실제로 책을 읽으며 위로를 받는 순간이 찾아온다. 하루 동안 있었던 안 좋은 일들이 머릿속에서 정리되고 숙면을 경험할 수 있다.

책을 멀리하는 이유는 결국 '내가 왜 책을 읽어야 하는가'에 대한 결론을 내리지 못하기 때문이다. 나도 처음에 그랬다. 읽으라고 해서 읽고 싶지만 쉽지 않다. 또한, 읽고 나면 똑같은 이야기하는 것 같고 막상 하려 하면 되지 않는다. 그만큼 까다로운 게 독서다. 다만 필자가 시도해서 그나마 책을 곁에 둘 수 있던 건 읽지 않던 이유를 활용한 것이었다. 양심을 걸고 진짜 시간이 없는 사람들이 얼마나 될까? 한 문장도 읽지 못할 시간이 없다는 건 말이 되지 않는다. 당신에게 책 몇 페이지 읽을 시간은 얼마든지 있다. 진정으로 하고자 하는 게 있다면 어떻게든 시간을 내는 게 인지상정이다.

지금 당신에게 필요한건 베스트셀러가 아니다

최고에 도달하려면 최저에서 시작해야 한다.

- p.시르스

이론물리학과 블랙홀 이론 분야의 세계 최고 학자인 스티븐 호킹. 영화 〈사랑에 대한 모든 것The Theory of Everything〉을 통해 그의 인생을 잠시 살펴볼 수 있다. 사실 그는 장애가 오기 전까지만 해도 대학교에서 조정 선수로 활약할 정도로 뛰어난 스포츠맨이었다. 케임브리지 대학원 시절 갑자기 루게릭병이 발병해 시한부 인생을 선고받았지만, 사랑의 힘으로 버텨냈다. 죽음이 임박해서도 온갖 노력을 다해 박사학위를 따낼 정도로 그의 열정은 어느 것도 막을 수 없었다. 당시 루게릭병을 치료하기 위한 경제적 어려움이 있었지만, 책 쓰기를 통해 이겨낼 수 있었다.

스티븐 호킹 하면 《시간의 역사》로도 유명했다. 이 책은 세계적으로 1,000만 부 이상이 팔린 초 베스트셀러였다. 많은 사람들이 구매한 것으로 유명하지만, 읽기를 포기한 책으로도 유명하다. 통계 수치를 보면 단지 6.6%의 사람이 읽기를 지속하였다. 100장의 책이라면 7장도 읽지 못한 결과이다.

이 현상으로 '호킹 지수'가 만들어졌다. 이 지수는 독자가 어떤 책을 얼마나 읽었는지를 %로 환산해 보여준다. 수치가 낮을수록 책을 끝까지 다 읽지 않았다는 걸 뜻한다. 미국 최대 온라인 서점인 아마존은 전자책 단말기 킨들에 설치된 밑줄 치기 기능을 활용해 호킹 지수를 창안했다. 이 지수는 재미삼아 참고만 될 뿐 정교한 과학적 지수는 결코 아니다. 재미있는 사실은《시간의 역사》의 6.6%를 뛰어넘는 책이 등장했다는 것이다. 힐러리의《힘든 선택들》이며, 호킹 지수는 2.0%로 사놓고 끝까지 읽지 않은 책 1위로 꼽혔다. 아무리 유명한 사람이 쓴 책이라도 어렵다면 잠시 내려놓아야 한다.

아기는 엄마 뱃속에 나오면 누워 있는 게 일상이다. 시간이 흘러 아기 스스로 안간힘을 써서 뒤집기를 끝내고 기어 다니기 시작한다. 잡히는 물체에 기대 일어서고 넘어지고를 반복한다. 조금 더 크면 의지하는 거 없이 걷기 시작한다. 뒤뚱뒤뚱 모습이 몸의 중심을 잡아가면서 똑바로 걷기 시작한다. 평지를 걷다가 계단을 오른다. 한 칸씩 오르다 두 칸씩, 세 칸 이상으로 뛰어다니기까지 한다. 아이가 태어나서 걷고 뛰기까지 차근차근 성장한다.

이렇듯 모든 일에는 순서가 있다. 독서도 그렇다. 독서를 시작할 때 서점에 들러 사람들이 많은 코너로 가서 주변을 살펴본다. 남들이 들고 있는 책을 보고 골라본다. 이렇게 남들이 보는 시선을 의식해 자신과 맞지 않는 단계의 책을 구매하는 경우가 있다. 시작은 비장한 마음이다. 웬걸 첫 페이지부터 난관이다. 겨우 첫 페이지를 넘겼어도 나머지를 넘기는데 힘들다. 꾸역꾸역 읽는 것도 지친다. 마치 책 한 장의 무게가 몇 톤 되는 돌 무게처럼 느껴진다. 한 장을 넘기기 위해 사투를 벌이지만 결국 그 한 장의 무게를 버티지 못하고 포기한다. 이게 보통의 독서를 시작하는 모습이다. 직장인이니까, 남들 보는 시선도 중요하니까, 자신의 상태에 맞춰진 잣대가 아닌 남이 세운 것에 맞춰 시작한다. 이것이야말로 책을 포기하게 되는 지름길이다.

자신의 단계에 맞는 '읽히는' 책으로 시작해야 부담 없이 이어나갈 수 있다. 부담감은 어떤 행동을 하는 데 있어 지속성의 장애물로 작용한다. 안 그래도 취업 때는 치열한 일자리 경쟁, 직장에서는 실적 경쟁 등으로 인해 부담감에 시달린다. 부담감은 때론 절벽까지 몰아붙여 실패의 구렁텅이로 밀어 넣는다. 직장에서 느끼는 부담감도 충분한데 독서까지 부담감을 준다면 더욱 할 필요성이 없어진다. 읽히는 책부터 시작해야 하는 이유이기도 하다.

우선 책에 대한 범위를 확장해야 한다. 《엘리아 수필집》의 저자 찰스 램은 "나는 어떤 책이나 다 좋아한다. 다만 형태는 책이면서 책이 아닌 것, 예컨대 궁정 행사록, 법규집, 인명록 따위를 빼고는 무슨 책이든지 즐겁게 읽을 수 있다."라고 말했다. 소설책, 시집, 수필집만 책이 아니다. 동화책, 만화책, 잡지, 짧은 글 모두 넓은 관점에서보면 읽을꺼리이다.

어렸을 때, 만화책을 읽곤 하면 어른들은 "도움도 안 되는 만화책 읽지 말고 교과서나 한자 더 읽어라."라고 말씀하셨다. 일부 사람들은 동화책, 만화책이 도움이 안 된다고 한다. 하지만 실제는 그렇지 않다. 자우림 보컬 김윤아의 남편이자 치과의사 김형규는 '만화책으로 서울대학교에 간 남자'로 유명하다. 그는 한 프로그램에 나와 서울대학교 치의예과에 합격한 이유를 '만화책 때문'이라 했다. 입시 때 의대 본고사 과목으로 생물과 화학을 택했는데 생물 문제 중 틀리라고 낸 문제가 있었다. 그 문제가 만화책에서 본 내용이었고 정답으로 써서 맞췄다. 면접 때도 교수님에게 당당하게 만화책에서 배웠다고 답했다고 한다.

다음으로 서점에서 나눠놓은 카테고리에 신경쓰지 말자. 직장인에게 청소년 섹션은 자연스럽게 지나가는 곳이다. 애플리케이션으로 책을 알아볼 때도 청소년 카테고리는 눈에 잘 띄지 않는다. 하지만 청소년 섹션은 어떤 분야를 처음 읽기 시작하기에 좋은 것이 많다.

만약 경제 분야의 책을 읽기로 결심한다면 청소년 섹션에 가보자. 입문서적을 고르기 좋다. 이 카테고리에 있는 책은 청소년들 눈높이에 맞춰서 출판되기 때문이다. 같은 단어라도 더 쉬운 설명으로 서술되어 있으며 많은 예시로 이해도를 높일 수 있다. 사회인을 위한 입문서적보다 더욱 친절하다. 카테고리가 선택에 도움을 주기도 하지만 때론 제한을 두게 한다. 그러니 기존의 카테고리에 크게 개의치않아도 된다.

시도 마찬가지다. 하상욱 시인의 《서울 시》, 《서울 시 2》, 《시를 읽는 밤: 시밤》은 많은 사람의 공감을 받았다. 시라고 하면 마냥 어렵고 함축적 의미를 파악해야 한다고 생각했던 사람들에게 색다르게 다가왔기 때문이다. 우선 내용이 짧았고 이해하기 쉬워 강렬하게 마음에 남았다. 직설적이라 공감하기 쉬웠고 접하기 편했다. 기존의 시와 다르게 내용 이해에 힘쓰기보다 경험을 생각하는데 시간이 들어 오히려 이입하기 쉽다.

그리고 어느 순간 어려운 책에도 도전하자. 일부러 어려운 책을 찾아 읽을 필요는 없지만, 사고의 확장을 위해 시도해보라. 도전해볼 가치가 있다. 쉽게 이해되지 않는 경험이 사고의 힘을 길러주고 생각 폭을 넓혀주기 때문이다. '읽는 힘'을 키우면서 한 단계씩 앞으로 나아가는 성취감도 느껴보자.

권수에 집착하지 말고 끌림의 힘을 믿어볼 것

책을 읽고 깊이 있게 생각하지 않는다면,
당나귀가 책을 싣고 길을 걷는 것과 다를 바 없다.
- 탈무드

'씹고 뜯고 맛보고 즐기고….'

잇몸 약 광고 카피다. 아파서 아무것도 먹지 못했지만 잇몸 약을 먹고 싹 낫는다. 매우 행복한 표정으로 먹고 싶었던 음식을 먹는다. 마지막으로 저 카피를 말하면서 광고는 끝난다. 음식을 씹고 그다음 뜯고, 맛보고 마지막으로 즐기기까지 건강한 잇몸이 없다면 불가능한 일이다.

책도 마찬가지이다. 뜯어보고 분석하고 주인공이 되어 보기도 하면서 읽는 게 중요하다. 이를 가능케 도와줄 방법이 바로 '천천히 읽기'다.

"많은 독서가 삶을 송두리째 바꿔줬다."

나에겐 책이라고는 교과서, 전공 책이 전부였다. 그런 나에게 저 글귀가 울림으로 다가왔고 독서를 시작하게 해준 계기가 되어주었다. 몇 년 전까지만 해도 속독이 유행이었는데, 마침 많이 읽고 싶은 마음도 강해 '빨리

빨리 읽기'를 시작했다. 처음에는 쌓여가는 책이 늘어가는 걸 보면서 만족해했다. 남들에게 보이는 모습만 신경 썼다. 속독은 마치 신문을 통해 사회의 흐름을 보는 것과 같이 새로운 정보를 얻기에는 좋았다. 하지만 소설을 읽을 때 문제가 생겼다. 인물관계나 스토리를 파악하는 데 있어 도움이 되지 않았기 때문이다. 읽을 때마다 인물관계나 사건을 다시 파악해야 했고, 계속 브레이크가 걸렸다.

생각보다 많은 사람이 다독에 눈이 멀어 속도에만 신경 쓴다. 세상이 워낙 빠르게 돌아가기 때문에 그만큼 지식에 대한 불안감을 느끼기 때문이다. 그래서 다독에 눈먼 장님처럼 권 수에 집착한다. 이를 반영하듯 출판되는 책들도 한 시간에 한 권, 하루에 몇 권을 읽을 수 있는 방법을 소개하곤 한다.

물론 많이 읽을수록 지식 폭은 넓어진다. 하지만 현실적으로 출판되는 모든 정보를 습득하는 건 불가능하다. 나도 솔직히 처음에 다독에 집착했다. 그런 나에게 독서의 결과는 '그냥 읽어 본 책' '한 번 읽어본 개념'이 끝이었다. "이 책이 나에게 무엇을 말하려는 것일까?" "저자는 왜 이런 예시를 들어서 이해시키려고 했을까?" 등의 질문을 하면서 읽지 않았다. "A는 A구나. B는 B네." 하면서 읽었다. 제대로 읽기 보다는 말 그대로 '보다'의 느낌이 강했다. 그래서인지 시간이 지날수록 책의 권 수는 늘어나지만 불안감은 더욱 커졌다. 누군가 심도 있는 책 이야기를 물어보지 않을까 불안하기까지 했다. 불안감을 없애기 위해 읽었던 책이 오히려 불안감을 더한 것이다.

"한 번에 한 단어, 한 문장씩 곱씹으면서 읽어봐, 책에 집중하는데 많은 도움을 줄 거야."

어느 날 지인이 지나가면서 던진 한마디였다. 어렵게 다시 소설을 읽기로 마음을 굳게 먹었다. 결심은 결심이고 예전 경험 때문인지 소설은 여전히 힘들었다. '곱씹는다' 단어를 상기하고 '장수에 연연하지 말자'라는 결론을 내렸다. 한 장을 넘기기 힘드니 차라리 그 한 장을 목표로 정했다. 읽다 보니 어느새 한 장이 두 장이 되었다. 오랜 시간이 걸렸지만 결국 한 권을 읽게 되었다. 천천히 읽다 보니 느낀 건 다음에 대한 '궁금함'이었다. 솔직히 말하면 아직도 소설은 나에게 쉽지 않은 분야다. 하지만 꼭꼭 씹어 읽기를 시작한 이후로 문학작품에 대한 관심은 늘어났으며, 진정한 사색이 가능해졌고 찬찬히 읽고 나서 진정한 여유를 느끼기 시작했다.

시키는 일마다 척척 해치우는 것은 직장인들의 꿈이다. 비즈니스에서는 일의 신속함을 요구한다. 하지만 중요한 일일수록 여유를 가지고 꼼꼼히 살펴봐야 한다. 신속한 판단을 위해서도 준비과정은 하나씩 찬찬히 파악해야 한다. 이는 멀리 봤을 때 진정으로 신뢰받는 일이기 때문이다.

빨리빨리 사회가 진행될수록 '힐링, 나의 삶, 진정한 나'와 같은 단어의 언급 빈도는 증가한다. 속도에 지쳐버린 사람들이 '느림'에 눈을 돌리기 때문이다. 순간마다 바뀌는 세상 속에서 긴 호흡을 느끼게 해줄 무언가가 필요하다. 한 번 책을 읽을 때만은 시간을 들여 천천히 읽어보자. 느껴보지 못한 여유를 느낄 수 있다. 바쁜 일상생활 속 찾아낸 느긋한 독서는 진정한 여유를 선물할 것이다.

찬찬히 읽어가면서 단어와 문장의 깊은 의미를 깨닫게 되었다. 문학작품을 읽다 보면 낯선 단어가 등장한다. '어이딸', '앞벌'과 같이 평상시에 쓰지 않거나 이제는 자주 사용하지 않는 것들이다. 익숙지 않은 것들을 그냥 지나치지 말자. 저자는 의미 전달을 위해 특별히 선택한 것이다. 정확히 문맥을 파악하기 위해서는 의미를 찾아봐야 한다. 성인이 되어 국어사전을 찾아보는 일은 익숙지 않을 수도 있다. 뭔가 창피하기도 하고, '굳이 그래야 하나'라는 마음가짐 때문이다. 하지만 모르는 단어가 많을수록 배울 게 많고 상상할 재료들을 더 풍성히 가지고 있는 것과 다름없다. 이를 통해 작품 이입을 더욱 강렬하게 할 수 있다.

천천히 읽는 건 작품에 대한 깊이를 더해준다. 《여덟 단어》의 저자이자 카피라이터인 박웅현은 《책은 도끼다》에서 다음과 같이 말했다.

"일 년에 다섯 권을 읽어도 거기 줄 친 부분이 몇 페이지냐가 중요한 것 같습니다. 줄 친 부분이라는 것은 말씀드렸던, 제게 '울림'을 준 문장입니다. 울림이 있느냐 없느냐가 중요한 것이지 숫자는 의미가 없다고 봅니다."

천천히 음미하는 독서는 결국 울림이 있는 문장으로 유도해준다. 마치 어두운 밤길의 등처럼 작가가 인도하는 길을 비춰주듯이 말이다.

슬로우 리딩은 나에 대해 돌이켜 볼 수 있는 시간이다. 독서 목적을 단순 정보를 흡수하기 위함을 넘어서야 한다. 책을 읽는 이유는 결국 생각하기 위함이지 않은가. '내가 잘 살아오고 있는지' '지금의 행동에 문제점은 없는지'에 대한 힌트를 얻기 위해 책을 읽는다. 소설을 읽으며 주인공 혹은 그 주변 인물에게 자신을 이입한다. 자신과 같은 상황에 책 속 인물들이 선택한 결정들에 정보를 모을 수 있다. 그냥 받아들이는 건 의미가 없다. 끊임없이 주체적으로 바라보며 더 좋은 해결책을 찾기 위해 고민하고 질문을 던져야 한다.

《내가 걸어서 여행하는 이유》의 저자 올리비에 블레이즈는 가장 느리게 세계일주를 하는 사람이다. 그의 책에서 가장 나다운 여행이 필요함을 언급하며 "땅에 나의 흔적을 새기는 것. 그게 '나' 다운 여행이다."라고 말했다. 느림은 진도에 있어 시간의 지체를 만들 수 있지만, 더 멀리 나가기 위해서는 필요하다. 조급해하지 않아도 된다. 오히려 한번쯤은 차분하고 꼼꼼하고 지긋하게 읽어보는 게 더 유익하다. 씹고 뜯다 보면 책 본연의 맛을 느낄 수 있고 결국 즐기는 자신을 발견할 수 있을 것이다.

한 권을 끝까지 읽는 것도, 여러 책을 동시에 읽는 것도 OK

기회는 일어나는 것이 아니라 만들어 내는 것이다.

- 크리스 그로서

기분은 어제 다르고 오늘 다르다. 심지어 하루에 여러 번 시시각각 변한다. 항상 같은 기분을 유지할 수 없다. 기분의 변화는 자연스러운 것이며, 잘 활용하면 도움이 된다.

인터넷에 한 게시 글이 올라왔다. 캐릭터 표정으로 요일별 직장인 상태를 나타낸 내용이었다. 월요일은 믿기지 않는 표정으로 "다시 월요일이라니, 이건 꿈일 거야…." 화요일은 아무런 변화가 없는 표정으로 "나는 생각이 없다, 왜냐하면 아무 생각이 없기 때문이다." 금요일은 제일 신난 표정으로 "기다리고 기다리던 주말이다!", 일요일은 걱정하는 표정으로 "내일이면 월요일이라니…!"로 표현했다.

많은 직장인은 내 이야기라며 폭풍 공감했다. 직장인은 회사에서 감정 변화를 많이 겪는다. 요일별로 기분이 달라지기도 하지만, 특히 상사 기분에 따라 자신의 기분이 좌우되기도 한다. 만약 상사가 기분이 좋아서 실수를 해도 그냥 넘어가주고, 평소에 하지 않던 칭찬을 하는 등의 행동은 나의 기분마저 좋게 하며 덩달아 일에 대한 의욕마저 높아진다. 없는 일도 찾기 위해 눈에 불을 켠 채로 일을 한다. 하지만 상사 기분이 좋지 않으면, 결국 내 기분까지 영향을 받는다. 괜히 평소에는 신경도 안 쓰던 트집 하나 잡아서 들들 볶는다. 말했던 방향대로 고쳐서 제출한 보고서를 "내가 언제 그랬냐?"며 다시 고쳐오라고 한다. 있던 일에 대한 욕심도 없애버린다. 그렇게 내 감정은 여러 요인에 의해 시시각각 변한다.

옷을 선택할 때도 기분에 의해 좌우되기도 한다. 어제는 괜찮아 보였던 옷도 오늘은 최악으로 느껴질 수도 있다. 때론 기분을 전환하기 위해 강렬한 색을 입기도 하며, 자신감을 보이기 위해 메이크업을 강하게 한다. 이렇게 기분을 치유하기 위해 색채를 이용하는 방법이, '컬러테라피'라고 불린다. 피로할 때 초록색을 보면 스트레스를 날려주기도 하고 편안함을 느낀다. 우울할 때 온화한 색을 보면서 에너지를 회복시키고 의욕도 자극한다.

색마다 고유의 파장을 갖고 있듯이 책도 그렇다. 책마다 내뿜고 있는 고유의 파장이 있다. 책을 고를 때 내 기분에 따라 맞는 책 파장이 만나 신호를 보낸다. '오늘은 갑자기 이 책이 끌리네?'와 같이 그날따라 손에 잡히는 책이 있다. 기분에 따른 내 파장과 책 고유의 파장이 잘 조화되는 순간이다. 실제로 기분에 따라 읽고 싶은 책도 달라진다. 어제 잘 읽던 책도 오늘 나와 잘 맞지 않아 읽히지 않기도 한다. 직장에서도 위의 상황처럼 상사가 나에게 좋게 대해주고 잘해줄 때는 '상사도 외롭다', '상사도 힘들다'와 같은 내용이 실려 있는 책에 손이 간다. 반대의 상황에는 '회사가 싫은' '꼰대'

등의 내용의 책을 집어서 당장 가져다주고 싶을 마음마저 든다. 그만큼 기분은 독서에서 중요한 역할을 한다.

35세라는 젊은 나이에 마이크로소프트사 일본 법인 사장이 된 나루케 마코토는 알아주는 독서가이다. 급변하는 세상에서 뒤처지지 않기 위해 책을 많이 읽을 필요성을 느낀 그는 《책 열 권을 동시에 읽어라》에서 '초병렬독서법'을 소개했다. 책 한 권을 처음부터 끝까지 꼼꼼하게 읽는 것이 아니라 이곳저곳에 두고 여러 권을 동시에 읽는 걸 말한다. 단, 가능한 장르가 달라 전혀 연결고리가 없는 책을 추천한다. 기분에 따른 선택이 달라지듯이 책에도 '감정 선택권'을 적용해야 한다. 《달과 6펜스》의 저자 윌리엄 서머싯 몸은 이렇게 말했다.

"누구나 자기 기분에 따라 책을 선택해야 한다. 아침에는 일하기 전이므로 과학이나 철학과 같이 머리를 쓰는 책을, 일을 한 다음에는 약간 부드러운 내용의 책을, 오후에는 역사·수필·비평 혹은 전기 등을, 저녁에는 소설이나 시집을, 밤에는 마음이 어지러워지지 않는 책을 읽는 게 좋다."

이처럼 병렬독서법은 자신에게 감정 선택권을 주는 방법이다.

세계적인 글로벌 기업인 구글에서는 프로젝트를 자주 진행한다. 팀 구성은 관련 없는 파트 사람들로 꾸려진다. 어떤 사안에 대해 진행될 때 각 파트마다 서로 다른 관점을 제안한다. 해결되지 않았던 문제에 대해 다양한 의견으로 실마리를 풀어간다. 한쪽으로만 해석할 수 있는 위험성도 줄이고 새로운 아이디어도 생성된다. 이렇게 서로 다른 지식은 시너지를 발휘한다. 동시에 여러 권의 책을 읽는 것도 같은 효과를 발휘한다. 이해가 되지 않았던 내용이 다른 책 내용을 통해 이해가 될 때가 있다. 한 가지 해석이 아닌 다양한 분석으로 생각의 영역을 확장할 수 있다.

뇌마다 처리하는 분야가 다르듯, 다른 영역 책은 뇌의 다양한 부분을 자극한다. 전혀 다른 영역 융합이 이뤄지며 순간 새로운 것들이 도출된다.

인간은 흥미와 즐거움을 느끼며 이를 주목해야 한다. 흥미와 즐거움은 어떤 일을 하는 데 있어서 지속성에 큰 영향을 준다. 반대로 지겨움을 느끼게 되면 실증을 느껴 그만두게 된다. 독서도 마찬가지다. 한 권의 책을 꾸역꾸역 읽게 되면 지루함을 느끼게 되고 힘들어진다. 집중이 안 되거나 이해가 안 되면 잠시 내려놓고 다른 책을 집어 들어보자. 오히려 여러 종류 책을 동시에 읽는다면 흥미 유지에 도움을 준다. 읽고 있는 책에 흥미를 잃어갈 때쯤 다른 책을 집어 흥미를 유지하는 것이다. 지속적인 흥미는 독서력에 영향을 주어 꾸준히 책을 읽을 수 있는 힘을 길러준다. 미국의 심리학자 앤젤라 더크워스는 《그릿Grit》에서 지속성에 대해 다음과 같이 말했다.

"열정은 한순간 미친 듯이 좋아하는 게 아니다. 열정은 강도가 아니라 지속성이다."

누구나 살면서 1분이 10분처럼 느꼈던 경험이 있을 것이다. 흔하지 않지만 10분을 1분처럼 느끼기도 한다. 재밌는 일을 하거나 관심을 가졌던 일을 할 때, 집중력이 높아지기 때문이다. 이러한 경험은 책을 읽었을 때도 겪는다. 연인과 싸웠거나 상사한테 혼나서 기분이 우울했는데 집어 든 시집이 공감되어 순식간에 다 읽는 경우가 있다. 감정 이입의 정도가 달라져 짧은 순간에 집중력이 높아졌기 때문이다. 어제는 한 장 넘기는 것조차 힘들었지만 오늘은 나도 모르게 술술 넘어가는, 평소에 읽던 양을 넘어선 독서를 경험한다.

한 권을 끝까지 읽는 것도, 여러 책을 동시에 읽는 방법도 모두 틀린 게 아니다. 사람마다 선호하거나 맞는 방식이 다를 뿐이다. 무조건 병렬 독서가 옳다는 건 아니다. 경험상 논픽션 책들이 병렬독서에 적합하며, 오히려 스토리가 있어 흐름을 파악해야 하는 픽션 류는 한 권을 쭉 읽는 게 나을 수 있다. 그렇다고 하더라도 병렬독서는 독서를 지속하게 하는 강력한 무기가 될 수 있기에 시도해볼 만하다.

스스로도 놀라는 독서 작심삼일 릴레이의 효과

상황을 가장 잘 활용하는 사람이
가장 좋은 상황을 맞는다.
-존 우든

새해가 밝으면 새롭게 시작하기 위해 다이어리를 구매한다. 계획을 세우며 다이어리에 하나씩 적어간다. 처음부터 시작한다는 매력과 하루 차이로 새 사람이 될 수 있다는 막연한 기대감으로 매년 새로운 다짐을 한다.

새해결심 리스트에는 의지와 실천이 계속 이어져야 하는 금연, 다이어트, 책 읽기, 여행가기가 단골 메뉴처럼 포함된다. 그리곤 며칠 지나지 않아 다시 원상태의 행동을 하는 자신을 발견한다. 이 상황은 매년 반복되고 '작심삼일'도 이러한 맥락이다. 작심삼일을 하는 데는 뇌도 한몫한다. 뇌과학에서는 작심삼일을 당연한 일로 여긴다. 뇌는 최소한의 에너지만을 쓰려 하기 때문에 금방 질린다.

원래 인간 판단의 원초적 기준은 편안함 혹은 안락함이다. 그 때문에 불안하거나 공포, 두려움이 느껴질 때, 뇌는 멈추라며 끊임없이 브레이크를 건다. 실제 뇌에는 '쾌적 영역'이라는 눈으로 확인할 수는 없지만 이를 담당하는 특별한 영역이 있다. 본능적으로 편안함을 추구하는 이 영역이 목표달성을 방해한다.

작심삼일은 항상 부정적으로만 여겨졌다. 결심이 삼일 혹은 그보다 못 미쳤기 때문이다. 하지만 요즘에는 결심을 이루는 데 작심삼일을 이용한다. 가장 대표적으로 작심삼일 다이어트가 있다. 하는 방법은 간단하다. 3일은 계획에 따라 운동과 식이요법을 진행한다. 3일이 끝난 다음 날은 먹고 싶었던 음식을 먹는다. 이를 반복한다.

처음 이 다이어트 방법은 한 달 이상 해야 한다는 사람들에게 '작심삼일 다이어트가 과연 진짜 효과가 있을까?'라는 의구심을 일으켰다. 하지만 작심삼일 다이어트에 참여한 사람들은 대부분 성공했다. 이들은 행동 패턴이 짧아 부담감이 적어 오히려 다이어트를 지속할 수 있었다고 말했다. 새해 결심이 무마되는 가장 큰 이유는 꾸준함에 있다. 따라서 부정적으로만 인식되었던 작심삼일이 꾸준함을 유지하는 데 있어 긍정적인 요소로 작용할 수 있다.

어느 마을에 '삼년고개'가 있었다. 이곳에서 넘어지면 3년밖에 못 산다는 고개이다. 어느 날 할아버지가 걷다 그만 이 고개에서 넘어지고 말았다. 집으로 돌아온 할아버지는 "아이고, 하필이면 삼년고개에서 넘어지다니, 이제 3년밖에 더 못 살겠구나." 하고 한탄하며 시름시름 앓기 시작했다. 하지만 이 고민은 "할아버지, 삼년고개에 가서 다시 넘어지면 되지 않나요?" 손자의 말로 간단하게 해결되었다. 한번 넘어지면 3년, 열 번 넘어지면 30년이니, 걱정할게 하나도 없다는 것이다.

작심삼일로 아무것도 못 이루는 게 아니라 뭐든 가능하다. 책도 마찬가지다. 3일 동안 한 권을 정해 읽어보자. 3일이 안 돼도 상관없다. 다시 목표를 세워 새로운 마음으로 시작하면 그만이다.

회사에서 계획대로 하루가 끝나는 날은 손에 꼽을 정도다. 생각지 못한 문제가 발생하고 갑자기 프로젝트를 맡기도 한다. 하루하루 평범하게 흘러가는 게 소원일 정도로 날마다 전쟁같다. 이럴 때 3일은 굉장히 메리트 있는 기간이다. 어떤 일이 발생해 계획된 일을 지속할 수 없을 때, 다시 3일 계획을 세울 수 있다. 생각지 못한 일들이 발생해도 부담이 없으며 크게 동요할 필요가 없기 때문이다.

계획은 다시 세우면 된다. 일부 사람들은 이 방법에 대해 '그러면 작심삼일이 아니라 작심일일이 되고, 하나도 못 이루는 거 아닌가?'라고 의문을 가질 수 있다. 이때 중요한 건 어떤 일을 지속하는 데 있다. 영국의 정치가며 노벨문학상을 받은 윈스턴 처칠은 말했다. "성공은 최종적인 것이 아니며 실패는 치명적인 것이 아니다. 중요한 것은 지속하고자 하는 용기이다."라고 말이다. 독서를 하다가도 예상치 못한 실패를 겪을 수 있다. 책을 구매했는데 너무 어렵거나 재미가 없으면 다시 책을 선택하면 된다.

작심삼일 계획에서도 중요한 사항은 '무리한 계획을 잡지 않는 것'이다. 새해결심을 포기하는 이유 중 가장 큰 건 무리한 계획이다. 더 나은 삶을 위해 계획을 짤 때 자신도 모르게 실질적으로 할 수 있는 걸 넘어 작성한다. 어제보다 나은 오늘을 위해, 현실 불가능한 계획에 집착한다.

올림픽 메달을 준비하는 태릉촌은 항상 힘듦이 스며든 외침과 노력의 땀방울이 가득하다. 감독들은 선수들에게 능력 이상을 위해 수준 높게 훈련시킨다. 강도는 점점 높아지고 선수들이 견디는 역치도 상승한다. 선수들 평균 능력 이상의 훈련으로 한 단계씩 성장한다. 이는 어제보다 나은 오늘을, 오늘보다 향상된 내일을 만들기 위함이다. 하지만 눈앞의 것을 소홀히 하면서 가능성만을 장담한다면 쉽게 포기하고 좌절감까지 맛보게 된다. 터무니없는 계획은 자신을 학대하는 것과 같으며 이로 인해 무기력이 학습된다. 결국, 무리한 계획이 자신감을 붕괴시켜 모든 것을 포기하게 만든다.

책 읽기 계획을 세울 때 삼일 동안 한 챕터를 읽어도 된다. 한 장만 봐도 되고 심지어는 한 문단을 음미하는 것도 상관없다. 남에게 보여주기 위한 목표, 자신에게는 불가능한 멋진 목표, 이런 목표는 애초부터 정하지 말아야 한다. 자신이 얼마나 할 수 있는지는 자신이 가장 잘 알기 때문이다.

3은 긴장의 숫자다. 로켓이 발사될 때, 새해를 알리는 종을 칠 때도 카운트다운을 한다. 카운트다운을 시작할 때 3부터는 나도 모르게 몸에 힘이 들어간다. 3은 기회의 숫자다. 스포츠에는 삼판양승이 있다. 말 그대로 승부는 세 번을 겨뤄봐야 안다. 엄마가 아이를 혼낼 때도 '하나, 둘, 셋' 말하며 셋 셀 때까지 기회를 준다. 즉, 작심삼일은 부정이 아닌 긍정의 말이다. 짧을 수도 있는 3일은 긴장감을 유지시켜 '꾸준함'이라는 무기를 기를 수 있는 기간이다. 될때까지 작심삼일을 해보자. 포기하지 않고 꾸준히 하다 보면 새로운 습관이 생긴다. 작심삼일을 적용한 책 읽기를 반복하다 보면 어느 날 본인도 모르게 꾸준히 읽는 모습을 발견할 수 있을 것이다.

A METHOD OF READING

삼시 세끼 찾아 먹듯 매일 읽는 아침 15분 독서

아침 시간에는 나를 방해할 사람이 아무도 없다.

그리고 다음 날 아침 글쓰기를 시작하기까지 머릿속을 비웠다.

- 어니스트 헤밍웨이

1% 하면 생각나는 것은 무엇인가? 학교나 직장에서 상위 1%는 엘리트를 지칭한다. 지적으로나 업무적으로 상당히 뛰어나 영재나 능력자라고 불린다. 생산성에서 1%는 희귀함을 나타내는 지표다. 구하기 어렵거나 만들기 힘들수록 값어치가 높아진다. 뉴스에서 기사화되는 일들은 세상의 1%에 해당한다. 사람들이 주목할 수 있는 특별한 1%에 집중한다. 이렇게 1%의 의미는 무궁무진하다.

15분은 하루를 기준으로 비중이 얼마나 될까? 하루 24시간을 분으로 환산하면 1,440분이며, 이중 1%는 14.4분으로 15분에 근접하다. 즉, 15분은 하루의 1%를 의미한다. 한번 15분 동안 할 수 있는 일들을 생각나는 대로 적어보자. 아침 식사 준비, 스트레칭, 세안, 아침에 발표할 자료 살펴보기 등 할 수 있는 것들은 많다. 그렇지만 15분은 어떤 것을 잠시 하는 시간일 뿐, 집중이라는 단어와 어울리지 않는 시간인 듯하다.

나에게도 15분은 어떠한 것을 목표로 실행에 옮기기에는 부족한 시간이었다. 하지만 〈세상을 바꾸는 시간, 15분〉이라는 프로그램을 통해 생각을 바꾸게 되었다. 프로그램은 말한다. "세상을 위해 아이디어를 공유하는 시간은 15분이면 충분하다."라고 말이다.

세상을 바꿀 수 있다고 말할 정도로 15분의 힘은 대단하다. 처음 독서를 시작할 때 '독서 시간을 길게 잡지 말라'는 조언이 있었다. 10분은 너무 짧아 보였고 20분은 생각보다 긴 시간이라 부담이 되어 15분으로 정했다. 아침이 되면 책 한 권을 집어 15분 동안 읽는다. 지금도 아침독서는 꾸준히 지켜오고 있는 철칙이다.

책에 대한 거부감이 없어지기 전까지 아침 일상은 휴대폰을 만지작거리는 것이었다. 목적의식에 잡은 건 아니며 그냥 무의식적으로 집어 들었다. 페이스북에 들어가 재밌는 동영상이나 어제 놓쳤던 드라마 짧은 짤을 봤다. 인스타그램에 들어가 여행이나 맛집 사진에 하트를 눌렀다. 어떤 걸 얻기 위해 한 것이라기 보다는 기계적으로 휴대폰을 집었고 애플리케이션을 켰다. 기계적인 행동은 기계적인 반응뿐이었다. 뇌에는 안성맞춤의 행동이었다. 일찍 일어나도 의미 없이 흘러간 시간에 대해 후회는커녕 아무런 생각도 없었다. 하지만 아침 독서를 하기 시작했고 15분은 생각보다 많은 변화를 끌어냈다.

어떤 일을 습관화하거나 이루기 위해서는 작은 노력부터 시작이다. 우리가 그냥 넘길 수 있는 15분도 하루에서 소중한 시간이다. 하루의 1%인 15분이 모이면 30분, 1시간까지 독서시간이 늘어난다. 불가능해 보였던 한 권, 두 권 이상 읽을 수 있다. 15분은 어떤 지식을 하나 얻는데 충분한 시간이다. 뉴스 기사나 비문학 책은 서로 다른 주제들을 모아놓은 구성으로 되어있다. 중간에 챕터가 바뀌어도 전혀 이어지지 않는 글이라 더욱 15분 내에 가능하다. 실제로 뉴스기사 한 개나 비문학 한 챕터를 읽는데 생각보다 많은 시간이 걸리지 않는다. 심지어 15분 동안 궁금한 사항을 찾아보고 정리까지 할 수 있다. 아침에 책을 읽으면서 다음과 같은 변화가 일어났다.

첫째, 아침이라는 골든타임을 제어할 수 있게 되었다.

아침은 하루 중에 집중력과 사고력이 뛰어나 창조적인 활동에 좋은 시간이다. 아침의 5분은 밤의 50분에 비교될 정도로 집중력은 아침에 크게 발휘된다. 심지어 집중력을 넘어 몰입까지 가능하다. 몰입을 통해 짜릿한 15분을 보내고 나면 강렬한 느낌까지 받는다.

워렌 버핏은 정보싸움이 치열한 주식시장에서 투자의 귀재로 불린다. 그는 "나는 아침에 일어나 사무실에 나가면 자리에 앉아 읽기 시작한다. 끊임없이 읽지 않으면 세상의 변화를 알 수 없다."라고 말할 정도로 그는 지독한 독서광이다. 또한, 세계적인 작가들, 스티븐 킹, 어니스트 헤밍웨이 등은 아침에 명작을 만들 초석을 마련했다. 아침에 이들은 주옥같은 문장들을 만났으며 명작들이 탄생했다.

둘째, 남들보다 하루의 1% 일찍 시작한다는 만족감을 느낄 수 있다.

사람은 어떤 뿌듯함을 느끼면 더욱 열심히 한다. 남들과 비교를 하는 건 자신을 괴롭게 만들기도 하지만 때론 자극제가 된다. 오늘 옆에 있는 동료가 아침에 했던 일들을 들어보자. 누구는 5분 더 자고 싶어 알람을 미뤘다가 지각할 뻔한 이야기도 있으며 오늘도 딱 맞춰서 도착했다는 말도 듣는다. 남보다 1%를 먼저 시작했다는 사실이 뿌듯함을 선사해준다. 심지어 책을 읽었다는 그 기분은 '내일도 해봐야지'라는 마음을 만든다. 작은 시도였지만 본인도 모르는 사이에 또 다른 결심으로 이끈다.

셋째, 책에 대한 두려움을 조금씩 극복할 수 있다.

독서를 시작하면 내가 책을 읽기 위해 구매했지만, 어느 순간 책이 주인이 되기도 한다. "읽는다고 마음먹는다 해서 나를 정복할 수 있을 것 같아?"라며 책이 한심하게 바라보는 것 같다. 몇 장 읽지 못하는 본인에 대해 책에 대한 두려움을 스스로 쌓는다. 높게 쌓인 두려움의 장벽은 한 번에 무너뜨릴 수 없다. 책과의 거리를 좁혀 조금씩 두려움을 떨쳐나간다. 그러다 보면 삼시세끼 챙겨먹듯 오히려 하지 않으면 이상한 상태로까지 변화할 수 있다. 15분 동안의 독서는 쌓이고 쌓여 나도 모르게 성장할 수 있는 자양분이 되어 줄 것이다.

아침에 일찍 일어나는 부지런함을 주었고, 책이라는 존재에 두려움을 느끼던 감정을 녹여줬다. 영국의 소설가 조지 엘리엇은 "위대한 성과는 갑작스러운 충돌 때문에 이루어지는 것이 아니라, 여러 작은 일들의 연속으로 이루어지는 것이다."라고 말했다. 15분은 작은 기적을 만들기에 충분한 시간이다. 1%는 단순하게 보면 100분의 1로서, 아무것도 아닐 수 있다. 하지만 1%가 100번 있으면 100%이다. 15분의 독서라는 노력과 행동은 결국 변화라는 나비효과를 일으킬 것이다.

작심삼일은 부정이 아닌 긍정의 말이다. 짧을 수도 있는 3일은 긴장감을 유지시켜 '꾸준함'이라는 무기를 기를 수 있는 기간이다. 될 때까지 작심삼일을 반복하여 책 읽기를 해보자. 어느 날 본인도 모르게 꾸준히 읽는 모습을 발견할 수 있을 것이다.

변화를 시작하는 당신의 첫걸음을 위한 추천 도서

생각, 사고

살아가면서 모든 사람을 만나 대화를 나눌 수도, 그들의 생각을 공유할 수도 없다. 하지만 세상은 하나의 사실이나 현상에 대해 다양한 관점과 생각을 원한다. 이런 게 능력으로도 평가받는 시대다. 이에 새로운 관점을 공유하고 한 가지에 대해 깊게 생각해보는 계기를 마련해주며 왜 이런 선택을 하는지 본질에서 바라보게 한다. 새롭고 낯선 시야를 경험하기 원하거나 '왜 이제껏 이런 생각은 못 했지'라는 깨달음을 얻을 수 있다.

《에디톨로지》, 김정운, 21세기북스, 2014

《탁월한 사유의 시선》, 최진석, 21세기북스, 2017

《내 머릿속에선 무슨 일이 벌어지고 있을까》, 김대식, 문학동네, 2014

《안녕 돈키호테》, 박웅현 , 김재호, 김민철, 서준혁, 이태호, 고연희, 김하나, 서민, 성지환, 유지원, 이진숙, 임경선, 장사익, 민음사, 2017

《어쩌다 한국인》, 허태균, 중앙북스, 2015

《책은 도끼다》, 박웅현, 북하우스, 2011

《다시 책은 도끼다》, 박웅현, 북하우스, 2016

《여덟 단어》, 박웅현, 북하우스, 2013

《라틴어 수업》, 한동일, 흐름출판, 2017

《프레임》, 최인철, 21세기북스, 2016

《관점을 디자인하라》, 박용후, 프롬북스, 2013

《생각하는 미친놈》, 박서원, 센추리원, 2011

《생각을 선물하는 남자》, 김태원, 21세기북스, 2010

《좋아 보이는 것들의 비밀》, 이랑주, 인플루엔셜, 2016

시, 언어

작가의 역사나 시대상을 알아야 해석이 가능한 문장들, 알 수 없는 단어들도 나열된 글들, 길어 읽기도 힘든 것으로 시는 늘 어렵게만 다가왔다. 하지만 다음의 책들은 쉽게 공감할 수 있다. 기존 문학작품의 시에서 만나볼 수 없는 길이, 형식 등을 갖추고 있기 때문이다. 화법도 직설적이고 새로운 형식에서 주는 생각의 깊이, 소재 해석의 다양성 등을 알게 한다. 기존 언어에 대해 거부감을 가지고 있었다면 이 책들로 다시 한번 관심을 가져보기 바란다.

《언어의 온도》, 이기주, 말글터, 2016

《한 글자》, 정철, 허밍버드, 2014

《평상시》, 문영진, 서영, 2016

《서울 시.2》, 하상욱, 중앙북스, 2013

《서울 시》, 하상욱, 중앙북스, 2013

《시 읽는 밤:시밤》, 하상욱, 예담, 2015

《회사가 싫어서》, 너구리, 시공사, 2017

단편적인 지식

본문에서 언급한 짬 내서 읽는, 15분 독서에 최적화된 것들이다. 우선 한 주제에 대한 글의 길이가 짧고 그림까지 있어 지루하지 않다. 심지어 원하는 소재만 발췌하여 읽어 볼 수 있고 그 선택의 자유도 나에게 있어 어디부터 읽어도 전혀 영향이 없어 부담도 적다. 이 책들은 남들보다 조금 더 아는 수준으로 다가갈 수 있게 한다. 짬을 내서 읽고 싶은 분들, 이동 중에 잠깐 읽을거리가 필요한 경우 살펴보면 좋다. 아주 짧은 시간의 투자로 매일 새로운 분야의 지식을 쌓을 수 있다.

《단어로 읽는 5분 세계사》, 장한업, 글담, 2016

《단어로 읽는 5분 세계사 플러스》, 장한업, 글담, 2017

《역사e》 시리즈(5권), EBS 〈역사채널 e〉, 국사편찬위원회, 북하우스 2013~2016

《지식e SEASON》 시리즈(8권), EBS 지식채널 e, 북하우스 2007~2013

《명견만리》 시리즈(3권), KBS 〈명견만리〉 제작팀, 인플루엔셜, 2016

《설민석의 조선왕조실록》, 설민석, 세계사, 2016

《지적 대화를 위한 넓고 얕은 지식》, 채사장, 한빛비즈, 2017

《지적 대화를 위한 넓고 얕은 지식:현실너머 편》, 채사장, 한빛비즈, 2015

경제

경제 하면 어렵고 이론부터 시작해야 한다는 고정관념을 깨주는 책들이다. 경제에 대한 상식이 적은 이들이라면 그림은 많고 글이 짧은 것부터 읽어보

라. 쉽게 이론을 접해야 접근이 쉬워진다. 그런 다음 실제 시장을 분석하거나 돈의 흐름에 대해 다루는 보다 심화된 단계의 것들을 읽는 것이 좋다. 경제서를 어렵게 느꼈던 이유가 바로 현실과 동떨어진 설명뿐이라는 점이다. 다음의 책에서는 현재 경제 분야에서 가장 이슈인 소재들, 이제껏 고질병같이 한국사회와 함께해온 경제 문제에 대한 해석을 접할 수 있다. 특히 KBS, EBS에서 방송했던 다큐멘터리를 책으로 펴내는 경우가 종종 있는데, 그림으로 설명한 부분도 많을 뿐만 아니라 현재의 흐름을 반영하고 있어 살아있는 경제를 느낄 수 있다.

《1cm 경제학》, 연합인포맥스 한컷경제팀, 다산북스, 2017

《돈으로 살 수 없는 것들》, 마이클 샌델, 와이즈베리, 2012

《경제, 알아야 바꾼다》, 주진형, 메디치미디어, 2017

《마켓 4.0》, 필립 코틀러, 허마원 카타자야, 이완 세티아완, 더퀘스트, 2017

《미국의 부활》, KBS 〈미국의 부활〉 제작팀, 가나출판사, 2016

《슈퍼 차이나》, KBS 슈퍼 차이나 제작팀, 가나출판사, 2015

《슈퍼 아시아》, KBS 슈퍼 아시아 제작팀, 가나출판사, 2017

감성, 에세이

독서 초보들이 좀 더 쉽게 접근할 수 있는 것이 감성, 에세이 분야이다. 진정으로 자신을 돌아보는 계기를 제공하거나 지친 마음을 달래줄 수도 있다. 여행지에서 느낀 오감을 공유하고 생각을 담고 있는 책들은 따뜻하기도 하고 때로는 담백하기도 하다. 디즈니에서 나오는 영화의 대사에는 강한 메시지가 담긴 것들이 많은데, 이처럼 애니메이션이나 영화에서 나오는 대사나 내용에 저자의 생각을 더해 엮은 것들도 있다. 독자에게 그 동안의 삶에 대해 자책하기보다는 긍정적인 부분을 살펴보라는 따뜻한 메시지를 건네는 것들이 많다.

《조용한 흥분》, 유지혜, 북노마드, 2015

《모든 요일의 여행》, 김민철, 북라이프, 2016

《모든 요일의 기록》, 김민철, 북라이프, 2015

《만약은 없다》, 남궁인, 문학동네, 2016

《끌림》, 이병률, 달, 2010

《보고시픈 당신에게》, 강광자 외 86명, 한빛비즈, 2016

《빨강머리 앤이 하는 말》, 백영옥, 아르테(arte), 2016

《멈추면 비로소 보이는 것들》, 혜민, 수오서재, 2017

《태도에 관하여》, 임경선, 한겨레출판사, 2015

《아무것도 아닌 지금은 없다》, 글배우, 쌤앤파커스, 2017

독서 실용서

'독서하는 방법'은 다양하기도 하지만 정도는 없다. 다만 자신에 맞춰서 바꿔가는 과정이 필요할 뿐이다. 다음은 소위 책에 관해 관심이 많고 많은 책을 경험한 분들의 저서로 더 많은 방법이 궁금한 분들에게 권장한다. 이 책들은 독서에 대한 다양한 방법을 소개하며 경험담을 담고 있어 읽기 부담스럽지 않다. 읽으며 공감하는 부분도, 그렇지 않은 부분도 있겠지만 자신에게 맞을 것 같은 방법들을 찾아 시도해 보며 자신에게 최적화된 독서방법을 만들어 보길 바란다.

《일독일행 독서법》, 유근용(초인 용쌤), 북로그컴퍼니, 2015

《이동진 독서법》, 이동진, 예담, 2017

《지금은 책과 연애 중》, 천성호, 리딩소년, 2017

《질문하는 책들》, 이동진, 김중혁, 예담, 2016

참고문헌

파트 1~4

《리더는 무엇으로 사는가》, 고든 맥도날드, 한국기독학생회출판부, 2013

《도서관, 그 소란스러운 역사》, 매튜 배틀스, 지식의 숲, 2004

《떠도는 그림자들》 파스칼 기냐르, 문학과지성사, 2003

《나귀 가죽》, 발자크, 문학동네, 2010

《책의 역사》, 브뤼노 블라셀, 시공사, 1999

《모든 책의 역사》, 우베 요쿰, 마인드큐브, 2017

《독서는 절대 나를 배신하지 않는다》, 사이토 다카시, 걷는나무, 2015

《독서력》, 사이토 다카시, 웅진지식하우스, 2015

《독서의 역사》, 알베르토, 망구엘, 세종서적, 2016

《독서의 알레고리》, 폴드만, 문학과지성사, 2010

《하나》, 리처드 바크, 현문미디어, 2004

파트 5~8

《공간이 사람을 움직인다》, 콜린 엘러드, 더퀘스트, 2016

《기본 수학의 정석 수학(상)》, 홍성대, 성지출판, 2017

《사람은 무엇으로 성장하는가》, 존 맥스웰, 비즈니스북스, 2012

《당신은 아무 일 없던 사람보다 강합니다》, 김창옥, 수오서재, 2016

《휴식수업》, 김찬, 웨일북whalebooks, 2017

《하워드의 선물》, 에릭 시노웨이, 메릴 미도우, 위즈덤하우스, 2013

《책은 도끼다》, 박웅현, 북하우스, 2011

《내가 걸어서 여행하는 이유》, 올리비에 블레이즈, 북라이프, 2017

《책 열 권을 동시에 읽어라》, 나루케 마코토, 뜨인돌출판사, 2009

《그릿(Grit)》, 앤젤라 더크워스, 비즈니스북스, 2016

《에디톨로지》, 김정운, 21세기북스, 2014

《제목 만들기 12가지 법칙》, 나카야마 마코토, 끌리는책, 2013

《이동진 독서법》, 이동진, 예담, 2017

《일독일행 독서법》, 유근용(초인 용쌤), 북로그컴퍼니, 2015

《1만 시간의 법칙》, 이상훈, 위즈덤하우스, 2010

《아웃라이어》, 말콤 글래드웰, 김영사, 2009

《지금은 책과 연애 중》, 천성호, 리딩소년, 2017

《소설처럼》, 다니엘 페나크, 문학과지성사, 2004

《독서혁명》, 곽동우, 은행나무, 2011